철수와 영희,
영국 영어캠프 다녀오다

철수와 영희, 영국 영어캠프 다녀오다

발행일	2021년 12월 13일

지은이	유진욱		
펴낸이	손형국		
펴낸곳	(주)북랩		
편집인	선일영	편집	정두철, 배진용, 김현아, 박준, 장하영
디자인	이현수, 한수희, 김윤주, 허지혜, 안유경	제작	박기성, 황동현, 구성우, 권태련
마케팅	김회란, 박진관		
출판등록	2004. 12. 1(제2012-000051호)		
주소	서울특별시 금천구 가산디지털 1로 168, 우림라이온스밸리 B동 B113~114호, C동 B101호		
홈페이지	www.book.co.kr		
전화번호	(02)2026-5777	팩스	(02)2026-5747

ISBN	979-11-6836-072-3 03740 (종이책)	979-11-6836-073-0 05740 (전자책)	

(주)북랩 성공출판의 파트너

북랩 홈페이지와 패밀리 사이트에서 다양한 출판 솔루션을 만나 보세요!

홈페이지 book.co.kr • **블로그** blog.naver.com/essaybook • **출판문의** book@book.co.kr

작가 연락처 문의 ▸ ask.book.co.kr

작가 연락처는 개인정보이므로 북랩에서 알려드릴 수 없습니다.

철수와 영희, 영국 영어캠프 다녀오다

유진욱 지음

북랩 book Lab

머리말

"영어는 동양인에게 권위를 부여한다."
한국이 싫어서라는 소설로 유명한 작가 장강명 씨가 어느 작품에서
한 얘기입니다. 이 책을 펼치신 여러분은 동의하십니까?

그렇다면 우리에게, 한국인들에게 권위를 부여하는 그 영어를 잘하려
면 도대체 어떻게 해야 할까요? 답은 영미권 원어민과 직접 대화를 해
보는 방법밖에 없습니다.

하지만 우리나라 사람들이 영미권 원어민과 직접 대화를 할 수 있는
기회가 과연 얼마나 있을까요? 직업상 영어를 쓸 수밖에 없는 극히
소수의 사람들을 제외하고는 평생 거의 없다고 해도 과언이 아닐 것
입니다.

이 책에 등장하는 수 선생님(Sue Kim)은 많은 학생이 더욱 어린 나이
에 영미권 문화를 직접 체험하면서 원어민들과의 대화를 통해 자연스
럽게 영어를 익힐 기회를 제공하기 위해 거의 평생을 바쳐 오고 계십
니다.

이에 본 저자는 우리 아이들이 더 쉽고 재미있게 영미권 원어민과 소통할 수 있는 기회를 제공하기 위해 국내에서 혹은 해외캠프에서 가장 많이 활용할 수 있는 영어 표현들을 실제 대화 형식으로 만들어 발간하게 되었습니다.

초중고 자녀를 두신 학부모님들이 궁금해하시는 해외캠프의 내용 및 일상도 실제 영어 대화로 구성하여 자녀 및 학부모 모두가 영어와 친숙해질 수 있는 좋은 기회가 되기를 바랍니다.

언어는 공부하는(study) 것이 아니라 배우고 즐기는(learn and enjoy) 것입니다. 이 책에 나오는 재미있는 표현들이 여러분들이 영어를 배우고 즐길 수 있는 좋은 도구가 되었으면 하는 바람을 가져 봅니다.

2021년 겨울 자락에서
저자 위진욱

등장인물

철수
유창한 영어 실력을 위해 해외 캠프 경험을 간절히 원하는 역사를 좋아하는 똑똑한 대한민국 학생

영희
철수와 더불어 영미권 문화체험을 통해 견문을 넓히려는 의지가 강한 학생

수 선생님
모든 학생들을 가족처럼 따뜻하게 대해 주시는 유창한 영어 실력을 갖추신 해외 캠프 전문가

그 외 등장인물
영철, 창호, 호동, 철수 맘, 철수 대디, 영희 맘, 호동 맘, 영수 맘, 수진 맘, 영국 시민, 영국 선생님 등등

목차

"이 책을 펼치기 전에 목차의 소제목들을 영어로 표현해 볼까요?"

📖 한국에서

📖 영국에서

📖 다시 한국에서

"몇 개 정도 쓰고 말할 수 있나요?
80개 이상 정확하게 영어로 표현한다면 이 책을 안 보셔도 됩니다.
한 개도 모르겠다고요? 걱정하지 마세요.
지금부터 철수와 영희 그리고 다양한 인물들의 대화를 통해
캠프 영어뿐만 아니라 일상 대화를 완벽하게 익혀 봅시다."

철수와 영희, 영국 영어캠프 다녀오다

한국에서

철수: 날씨가 푹푹 찐다. 더워 죽겠다.

What a sizzler! I'm dying from the heat.

* sizzler 지글지글 끓는 것 = scorcher

영희: 오늘 낮 기온이 37도까지 올라간대.

Today's high is 37°C.

* 37℃ 읽을 땐 37 degrees Celsius (섭씨 37도)

철수: 나 더위 먹은 것 같아.

I think I'm having a heat stroke.

* have a heat stroke 열사병에 걸리다, 더위를 먹다

cf. have a stroke '뇌졸중에 걸리다'와 혼동하지 마세요.^^

영희: 그럴 땐 찬물에 샤워하고 푹 쉬워야 해.

In that case, you should get a good rest after taking a cold shower.

발을 담그다
dip one's feet

철수: 비를 비웃기라도 하듯이 햇볕이 너무 뜨겁다.

The sun is so hot as if it sneered at rain.

* as if 마치 ~인 것처럼 = as though / sneer 비웃다, 코웃음 치다 = mock

영희: 이제부터 더 더워질 거야.

It's getting hotter and hotter from now on.

* 비교급 and 비교급 점점 더 ~하다 / from now on 지금부터

철수: 줄줄 흐르는 계곡물에 발을 담그고 싶다.

I want to dip my feet in the babbling brook.

* dip 발을 적시다 / babble 줄줄 흐르다 / brook 개울

영희: 나는 바닷물에 당장이라도 뛰어들고 싶다.

I'd like to dive right into the sea.

그녀는 너무 심했어
She was too much.

철수: 너 아직도 엄마한테 화나 있는 거니?

Are you still mad at your mother?

* mad 미친, 몹시 화난

영희: 그 얘긴 더 이상 하지 말자.

Let's not talk about it any more.

* not ~ any more 더 이상 ~하지 않다

철수: 엄마도 너한테 한 말에 대해 정말 미안해하고 있어.

She's really sorry about what she said to you.

영희: 하지만 엄마는 너무 심했어.

But she was too much.

내 입장이 되어 봐
Put yourself in my shoes.

철수: 이번 기말시험 망쳤어. 집에 들어가기가 무서워.

I messed up this final test. I'm scared to go home.

* mess up 엉망으로 만들다 / scare 무서워하다

영희: 그렇다고 집에 안 들어간다고.

You don't mean you're not going home, though.

* though 문장 끝에 오면 '그렇지만', 문장 앞에 오면 '그러나' 또는 '비록 ~일
  지라도'

철수: 너도 내 입장이 되어 봐. 우리 엄마 장난이 아니야.

Put yourself in my shoes. My mom is not a game.

* Put yourself in my shoes 내 입장이 되어 봐

= Put yourself in my place

= Put yourself in my position.

* not a game 장난 아니다 (세상의 모든 엄마가 장난이 아니죠. ㅎㅎ)

그냥 기분이 묘하더라
just had a strange feeling.

영철: 수경이가 나보고 헤어지재.

Soo-kyeong has broken up with me.

* break up with ~와 헤어지다 (break-broke-broken)

철수: 뭐? 그래서 뭐라고 대답했어?

What? And then how did you go?

* how did you go? 뭐라고 했니? = what did you say to ~?

영철: 뭐라 말해야 좋을지 몰랐어. 그냥 기분이 묘하더라.

I was at a loss for an answer. I just had a strange feeling.

* at a loss 어찌 할 바를 모르다

* just have a strange feeling 그저 기분이 이상하다

철수: 둘이 뭐 안 좋은 일 있었니?

Did something bad happen each other?

* bad something이 아니라 something bad (순서에 주의하세요.^^)

실컷 게임이나 할래?
Shall we play games till we drop?

철수: 와우. 기말시험 끝나면 방학이다.

Wow, we'll have a vacation after finals.

* finals = final exam 기말시험

영희: 넌 시험 끝나고 뭐 할 거니?

What are you going to do after exam?

* be going to + 동사원형: ~할 예정이다 = will

철수: 특별하게 정해 놓은 건 없어.

Nothing special.

* special nothing이 아님 (순서에 주의하세요.^^)

영희: 우리 PC방에서 실컷 게임이나 할래?

Shall we play games till we drop in the PC room?

* shall we ~ ? 우리 ~할래? / till we drop 녹초가 될 때까지 실컷

철수: PC방은 담배 연기도 자욱하고 위험해. 우리 집에서 하는 건 어때?

PC rooms are smoky and dangerous. How about playing at my place?

* how about ~ing: ~하는 건 어때? (권유)

내 신세가 처량하다
I'm so pathetic.

영철: 비가 억수같이 오네.

It's raining cats and dogs.

* rain cats and dogs 비가 억수같이 오다

창호: 이젠 본격적으로 장마철이 시작되나 봐.

The rainy season began in earnest.

* in earnest 본격적으로

영철: 이런 날에 교실에서 공부만 하고 있다니 내 신세가 처량하다. 누구는 영국으로 캠프 간다던데.

It's so pathetic to study in classroom on such a day. Some students are planning to go to a camp in England.

* pathetic 불쌍한, 애처로운 = 'pitiful'과 같이 알아두세요.^^

창호: 비 올 때마다 그 소리야.

Every time it rains, you say so.

* every time ~할 때마다 = whenever (복합관계부사)

피곤해서 녹초가 되었다
I'm utterly worn-out.

철수: 영희야. 나 어디론가 멀리 훌쩍 떠나고 싶다.

I just want to go somewhere far away.

영희: 철수야. 무슨 일 있어?

What's the matter with you ?

철수: 한국에서 공부하는 게 너무 힘들어. 학교 끝나고 학원 갔다가 집에 가면 녹초가 돼.

Studying in Korea is hard for me. After school, whenever I arrive at home after going to several private institutes, I'm utterly worn-out.

* whenever ~할 때마다 (복합관계부사) / private institute 사설 학원 / utterly 완전히

* worn-out 닳아서 해진, 녹초가 된

영희: 맞아. 나도 그래.

Right. So am I.

* so am I: 나도 그래 (So + 동사 + 주어) 순서에 유의하세요.^^

철수: 머리도 식힐 겸, 이번 방학 때 영국으로 캠프 가면 좋겠다.

I'd like to go to England for camp to chill out during this summer vacation.

* 'd like to = would like to + 동사원형 : ~하고 싶다 / chill out 긴장을 풀다, 열을 식히다

영희: 그거 좋지.

That's great.

철수: 부모님을 설득해서 우리 둘이 꼭 가도록 하자.

Let's try to persuade our parents to enable to go with us at any cost.

* persuade A to B: B하도록 A를 설득하다 / enable ~할 수 있게 하다
* at any cost 무슨 수를 써서라도 꼭

영희: 알았어. 최선을 다해 볼게.

OK. I'll do my best.

비 온 뒤에 땅이 굳어진다
After a storm comes a calm.

철수: 이번 기말 시험 잘 쳤니?

How was this finals?

영희: 아니. 망쳤어. 시험 때문에 미치겠어.

I did badly in my exams. Exams are always driving me crazy.

* drive ~ crazy ~를 미치게 하다

철수: 너무 그러지 마. 비 온 뒤에 땅이 굳는다는 말이 있잖아.

Never mind. They say "After a storm comes a calm."

* Never mind 신경 쓰지 마 / storm 폭풍 / calm 고요한, 잠잠한

영희: 고마워. 어쨌든, 빨리 영국 캠프 가고 싶어 미치겠다.

Thanks. Anyway. I can't wait to go to England camp.

* can't wait to ~ 몹시 ~하고 싶어 하다

어쩌나 완강한지 거절할 수가 없었어요
He was so persistent that I couldn't turn down his favor.

철수 맘: 거기 교육연구소 힐이죠?

> Is that Sue-edu?

수 선생님: 네 맞습니다. 누구신지요?

> Right. May I ask who is calling, please?

철수 맘: 네. 서울에 사는 철수 엄마라고 합니다. 아들이 중학교에 다니는데 한 가지
여쭤 봐도 될까요?

> This is Cheol-soo's mom living in Seoul. My son is
> attending a middle school. Well, can I ask you a ques-
> tion ?

> * attend 참석하다, 다니다, 주의를 기울이다

수 선생님: 네. 철수 어머니. 반갑습니다. 말씀하세요.

> Sure. Nice to talk to you. Anything will do.

> * anything will do 어떤 거라도 괜찮습니다

철수 맘: 다름이 아니라, 이번 여름 방학에 싱가포르로 가는 캠프가 있는지 알고 싶어서요.

What I'm calling about is because I'd like to know if you have a plan to Singapore during this summer vacation.

* What I'm calling about is ~ 전화를 건 이유는 다름이 아니라 (전화 용건을 말할 때 유용한 표현이지요.^^)
* 'd like to = would like to + 동사원형 : ~하기를 원하다

수 선생님: 물론 있습니다. 철수를 보내시려구요?

Sure, we have. Are you hoping to send your son?

철수 맘: 네. 너무 가고 싶어하는데, 어찌나 완강한지 거절할 수가 없네요.

Sure. He really wants to go there. He was so persistent that I couldn't turn down his favor.

* so ~ that ~ 너무 ~해서 ~하다
* persistent 집요한, 끈기 있는 / turn down 거절하다 / favor 부탁, 호의

수 선생님: 그렇습니까? 마침 목요일 11시에 설명회가 있는데, 참석해 주시면 자세한 설명드리겠습니다. 참석 가능하신지요?

Is that so? We're going to give a presentation at 11 a.m. this Thursday just in time. We'll let you know more about this program. Can you attend the presentation?

* give a presentation 설명회를 하다 / just in time 때마침

철수 맘: 네. 가능합니다. 설명회 장소는 어딘가요?

Sure, I can. Where is the presentation to be held ?

* hold 잡다, 개최하다 (hold-held-held)

수 선생님: 그린 비전 하우스입니다.

The place is Green Vision House.

철수 맘: 네. 거기 알아요. 그때 뵙도록 하겠습니다.

OK, I know that place. I'll see you then.

수 선생님: 전화 주셔서 감사합니다. 꼭 오셔서 자리를 빛내 주세요.

Thank you for calling. Please honor us with your presence.

* honor us with your presence는 be sure to come '꼭 와.'의 아주 정중한 표현이지요.^^

* presence 참석, 존재

좀 더 자세히 말씀해 주시겠어요?
Can you give me some more details?

수 선생님: 오늘은 영국 캠프에서 3주간 공부할 세인트 조지 스쿨에 대해 알아볼까요.

Today, let's learn about St. George's school where we'll stay for three weeks.

* where는 접속사 + 부사 기능을 하는 관계부사

철수 맘: 세인트 조지 스쿨에 대해 좀 더 자세히 말씀해 주시겠어요?

Can you give me some more details about St. George's school.

* detail 세부적인, 자세한

수 선생님: 1927년 설립된 세인트 조지 스쿨은 94년의 역사를 지닌 학교로 전통적인 영국 초중고 교육프로그램을 제공하는 학교입니다.

This school has more than 94 years history founded in 1927 in which traditional English education programs are offered including elementary, middle and high class courses.

특히 윈스턴 처칠이 다니던 학교로 유명하죠.

Especially, it has become more popular, known as Winston Churchill's school.

* find(찾다)의 과거형과 완료형은 found-found, found(설립하다)의 과거 형과 완료형은 founded-founded임에 유의해야죠.^^

* in which는 전치사 + 관계대명사로 관계부사의 기능을 한답니다.^^

철수 맘: 와우, 그곳에서 철수가 3주간 공부하게 되는 거네요?

Wow, my son will be there for about three weeks, right?

수 선생님: 그렇습니다. 또 하나의 좋은 점은 영국 왕실의 별궁인 윈저성이 가까이에 있어, 영국의 귀족 문화를 체험하기에도 좋은 곳이지요.

Sure. Another advantage of this school is a good place to experience United Kingdom's noble cultures because it is located near by Windsor Palace, the palace of the queen.

* advantage 유리한 점, 이점 / noble culture 귀족 문화

철수 맘: 자세한 안내 말씀에 감사드립니다.

Thank you for your detailed account.

* detailed account 자세한 설명

수 선생님: 천만에요.

It's my pleasure.

= Don't mention it.

= Not at all.

= You're welcome.

= Anytime. 등 다양하게 표현이 가능합니다.

싼 게 비지떡이다
You get what you pay for.

영수 맘: 이번 여름 방학 때도 호동이 해외 캠프 보낼 거예요?

Do you have any plan to send your son to summer camps abroad as well?

* abroad: 해외로 / as well: 또한, 역시

호동 맘: 물론. 영수 엄마도 아시다시피, 작년 겨울 방학 때 교육연구소 힐을 통해 뉴질랜드를 보냈잖아요. 그런데 이번엔 좀 가까운 곳으로 보낼까 고민 중이에요. 영수 엄마는요?

Sure. As you know, I sent him to New Zealand last winter vacation by the program of Sue-edu, but I'm seriously considering if I'll send him to a country a little closer. What about you?

* As you know 너도 알다시피 / seriously 심각하게 / consider 숙고하다, 고려하다

영수 맘: 저도 같은 고민을 하다가, 얼마 전 교육연구소 힐 홈페이지에서 말레이시아와 싱가포르 캠프를 시작했다는 내용을 보았어요.

I felt the same way, too. Meanwhile, I happened to read the articles about launching the Malaysia and Singapore camps on homepage of Sue-edu the other day.

* meanwhile: 그러는 와중에 / happen to: 우연히 ~하다 / article: 글, 기사 / launch: 시작, 개시

* the other day: 일전에 = a few days ago

호동 맘: 그거 잘되었네요. 그런데, 싼 게 비지떡이라는데, 동남아 캠프 괜찮을까요?

That's great news. But, as the old saying goes, you get what you pay for. Does it look good?

* as the old saying goes: 속담에도 있듯이

* you get what you pay for: 서양속담으로 "지불한 만큼 얻는다." = "싼 게 비지떡이다."라는 의미

* does it look good? 그거 괜찮아 보여?

영수 맘: 12년의 경력을 가지고 있는 회사와 계약했다니 믿을 만할 거예요. 홈페이지를 보면 자세한 내용을 볼 수 있어요.

It seems credible considering that Sue-edu contracted with the company which had over 12 years career as a professional overseas education company. You can see more details on web-site.

* credible: 믿을 만한, 신뢰가 가는 / considering: ~을 고려해 볼 때 / contract: 계약하다

호동 맘: 그래요. 고마워요.

Ok, thanks for good information.

(조금 길어서 힘들었나요? ㅎㅎ 문장이 길수록 큰 소리로 읽으면서 연습하면 아주 유익합니다.)

I don't want to be the only oddball.
난 외톨이가 되기 싫거든요

영희: 엄마, 이번 여름 방학 때 싱가포르로 캠프가고 싶어요.

Mom, I'd like to go to camp overseas to Singapore during this summer vacation.

영희 맘: 정말. 영어 때문에 해외는 가기 싫다고 하지 않았니?

Are you serious? Yon didn't like to go abroad due to your bad English, did you?

* due to: ~ 때문에 = because of

영희: 그랬는데, 이번 기회에 해외 가서 영어 공부 좀 하고 싶어서요.

I used to, but I really want to go abroad to study English at this opportunity.

* used to ~했었다. ~하곤 했다 / at this opportunity: 이번 기회에

영희 맘: 그럼, 수 선생님께 연락해서 알아봐야겠다.

If so, I'll have to go to Sue teacher and check.

영희: 그런데, 같이 가는 친구가 아무도 없으면 재미없는데. 혼자 외톨이가 되긴 싫거든요.

By the way, I don't like to go alone without any friend. I don't want to be the only oddball.

* by the way '그런데…' (화제를 바꿀 때 쓰면 좋지요.) / oddball: 괴짜, 별종

영희 맘: 그럼, 철수도 갈 수 있는지 철수 엄마에게 물어볼까?

If you do, can I ask Cheol-soo's mom if Cheol-soo can afford to go with you?

* 첫 번째 if는 부사절로 "만약 ~라면"(가정법)이고 두 번째 if는 목적어로 쓰인 명사절로 "~인지 아닌지"로 해석되는 것을 꼭 기억합시다.^^

* can afford to: ~할 여유가 있다

영희: 그럼 좋지요. 역시 우리 엄마가 최고야.

That's great. Mom is the pick of the basket.

* the pick of the basket: 최고를 나타낼 때 쓰면 좋아요.^^ (the best보다 더 최고라는 표현)

ex) In soccer Son heung-min is the pick of the basket. 축구에 있어서는 손흥민이 단연 최고다.

그보다 더 좋을 순 없다
It couldn't be better than that.

영희 맘: 철수 엄마, 어제 교육연구소 힐 동남아 캠프 설명회 다녀왔다면서요.

I heard (that) you've been to the presentation relating
to Southeast Asia camps of Sue-edu yesterday.

* have been to ~에 다녀오다 / relating to ~과 관련하여

철수 맘: 네. 생각보다 많이 왔던데요. 그리고 현지 전문 업체 측으로부터 아주 자세
히 설명을 들었어요.

Yes. A lot of people showed up for the meeting than I
expected. I got the details from a professional overseas
educational company.

영희 맘: 어땠어요? 생각했던 대로 믿을 만해요?

How was it? Is it credible as you expected?

* credible 신뢰할 만한

철수 맘: 물론. 그보다 더 좋을 순 없을 거예요.

Sure. It couldn't be better than that.

* It couldn't be better than that. 그보다 좋을 순 없다. (영화 제목으로도
쓰였죠.^^)

= There is nothing better than that

= As good as it gets

영희 맘: 그럼, 영희도 같이 보내는 것 생각해 봐야겠네요.

If so, I'll have to think about sending my daughter.

* have to ~해야 한다 = should = must = ought to

철수 맘: 그거 좋지요. 철수도 아는 친구 없이 혼자 가기가 좀 멋쩍은가 봐요.

That's a good idea. It's a bit awkward for my son to go there alone.

* it은 가주어 to go there alone이 진주어 (it은 해석을 하면 안 된다는 것에 유의^^) to 앞의 for my son은 to부정사의 의미상 주어라고 한답니다.^^

* awkward 기분이 어색한, 멋쩍은

영희 맘: 알았어요. 좀 생각해 보고 결정할게요.

OK. Let me think.

세상 참 좁군요
What a small world!

철수 맘: 혹시 몇 년 전 부산에 사셨던 수진 어머니 아니세요?

Are you probably Soo-jin's mom lived in Busan a few years ago?

수진 맘: 그런데요. 누구신지?

Yes I am. Well, whom shall I say ?

* 좀 더 정중하게 물을 땐 "May I ask who you are?"라고 하면 되지요.

철수 맘: 저 철수 엄마예요. 수진이 부산초등학교 다닐 때 만난 적 있지 않나요?

This is Cheol-soo's mom. Didn't we meet when your daughter was in Busan Elementary School?

수진 맘: 어머나, 오랜만이네요. 그동안 잘 지내셨어요? 세상 참 좁군요. 이렇게 캠프 미팅에서 뵙게 되다니.

My goodness! I haven't seen you for ages. How are you? What a small world! I didn't expect to see you at this camp meeting.

* haven't seen you for ages: 격조하다, 오랜만이다

= It's been a long time.

= long time no see. 같이 외워두세요.^^

철수 맘: 네. 다시 만나 반가워요.

So did I. It's nice to see you again.

The teacher forces students to study night and day.

철수: 너, 이번 여름 방학 때 말레이시아로 캠프 간다는 게 사실이야?

Is it true that you are going to camp to Malaysia during this summer vacation?

* be going to + 동사원형: ~할 예정이다 = will

영희: 응. 수 선생님이 말레이시아 캠프 시작했다고 해서 카페에 들어가 봤는데, 괜찮을 것 같아서.

Yes. I heard that Sue teacher launched the new camp program to Malaysia. and then I've read the related-contents on the web-site, which will be fine with me.

* launch : 개시하다, 발사하다

철수: 동남아 캠프는 공부 빡시게 시킨다며?

Then, It is believed that Asia-camp is known as forcing students to study night and day.

* be known as ~로 알려지다 / force A to B: A에게 B를 강제로 시키다

영희: 나도 그런 줄 알았는데, 프로그램을 자세히 보니 공부뿐만 아니라 싱가포르 명문대 체험 등 다양한 경험을 쌓을 수 있게 되어 있더라.

That's what I thought. But when I look into the program carefully, it makes us be able to experience many things like visiting the prestigious university in Singapore as well as study.

* look into 자세히 들여다보다 / prestigious 명성이 있는 = prominent와 같이 많이 쓰죠.^^
* as well as ~뿐만 아니라

철수: 그렇구나. 나도 엄마한테 보내 달라고 졸라야겠다.

Is that true? I'll try to ask my mom to be allowed to go.

* ask A to B: A에게 B를 요청하다 / be allowed to ~할 것을 허락받다 (allow 허락하다의 수동태 표현입니다.^^)

확률은 반반이야
The chances are fifty-fifty.

철수: 영희야. 엄마가 말레이시아 캠프 보내주신데?

Did you get your mom's permission for the Malaysia camp?

* permission 허가, 허락

영희: 아직 몰라. 생각 중이시래.

I don't know yet. She's thinking about it.

철수: 그렇다면, 확률이 반반이겠구나.

If so, the chances are fifty-fifty.

* chance 기회, 확률

영희: 응. 못 갈 수도 있어. 난 꼭 가고 싶은데.

I really want to go, but I may not be able to go.

* be able to ~할 수 있다 = can

철수: 그래. 기다려 보자. 좋은 소식이 있겠지.

Let's wait and see. We may have a good news.

* let's wait and see '(결과를) 기다려 보자.'라는 아주 유용한 표현^^

가타부타 말이 없으시네
Don't say yes or no.

영희: 엄마, 말레이시아 캠프 보내 줄 거예요, 말 거예요. 아직 결정 못 하셨어요?

Mom, did you have a decision to make me go to Malaysia camp or not?

* decision 결정 / make ~ go ~를 가게 하다

영희 맘: 엄마는 결정했는데, 아빠가 아직 가타부타 말씀을 안 하시는구나.

I made a decision already, but your daddy didn't say yes or no yet.

* make a decision 결정하다 = decide (make-made-made)

영희: 오늘 저녁에 아빠에게 제가 직접 말씀드려 볼게요.

I'll check it myself with daddy tonight.

* 여기서 재귀대명사 myself는 강조

영희 맘: 그래 보렴. 너에게 달려 있구나.

I urge you to do so. It's up to you.

* urge 강력히 권고하다. Urge you to do so. '그렇게 한번 해봐.'라는 아주 유용한 표현^^

* It's up to you 그것은 너에게 달려 있다 = The ball is in your court 함께 외워두면 좋지요.^^

세월 정말 빠르다
Time flies like an arrow.

철수: 아, 이제 캠프 갈 날도 며칠 남지 않았네.

The camp is just a few days away.

* just a few days away. 며칠 안 남았다.
= just around the corner '바로 코앞이다.'라고 써도 된다는 사실^^

영희: 정확히 4일 남았네.

There are exactly four days left until the camp.

* exactly 정확하게 / until ~할 때까지

철수: 와우, 세월 정말 빠르네.

Wow! Time flies like an arrow.

* Time flies like an arrow. 시간 참 빠르다. (미국의 시인 H. W. Long-
  fellow의 시로 유명하죠.^^)
cf. Time and tide wait for no man. '세월은 사람을 기다려주지 않는다.'
    도 같이 알아두세요.^^

영희: 영국에 가게 되다니 꿈만 같다.

It's like a dream to be able to go to England.

당근이지
You bet.

영희: 철수야, 해외는 처음이니?

Is this your first trip overseas?

* overseas 해외의

철수: 응, 국내 캠프는 몇 번 가 봤는데, 한국을 벗어나기는 처음이야.

Yes, I've been camps within the country several times, but it was my first time out of Korea.

* several times 여러 번

영희: 걱정되니?

Are you worried?

철수: 당근이지. 누구에게나 첫 경험은 설레기도 하지만 걱정되기도 하잖아.

You bet. The first experience for anyone is both excited and apprehensive.

* You bet : 당연하지, 물론이지의 뜻으로

= It is natural that ~

= You can say that again과 같이 많이 쓰인다는 사실^^

* apprehensive 걱정되는, 불안한

영희: 걱정하지 마. 내 경험으로 보건대 교육연구소 힐에서 모두 알아서 잘할 거야.

Don't worry too much. Sue-edu will do a great job judging from my experience.

* judging from ~으로 판단하건대

철수: 그래. 걱정해 줘 고마워.

OK, thanks for your concern.

* concern: 걱정, 관심

좋은 계획들은 좋은 결과를 낳는다
Good plans lead to good results.

수 선생님: 너희들, 이번 여름 방학 동안 뭐 할 거니?

What will you do this summer vacation, everyone?

철수: 전 유럽으로 캠프 갈 예정입니다.

I'm planning to go to Europe camp.

영철: 전 말레이시아와 싱가포르 캠프 가기로 했습니다.

I'm going to Malaysia and Singapore camp.

수 선생님: 다들 좋은 계획들을 가지고 있구나. 계획이 없으면 성공할 가능성이 없지만, 좋은 계획들은 좋은 결과를 낳는단다.

Everyone has good plans. It's a house of cards if you don't have a good plan, but good plans lead to good results.

* house of cards 카드로 집을 짓는다는 놀이에서 나온 말로 성공할 가능성이 없다는 표현입니다.^^

* lead to ~로 이끌다 / result 결과

창호: 그렇다면 나도 방학을 효율적으로 사용할 좋은 계획들을 만들어야겠어요.

Then, I'll make good plans to spend my vacation effectively, too.

* effectively 효율적으로

Have you ever been to England?
영국에 가 본 적 있니?

철수: 영국에 가 본 적 있니?

Have you ever been to England?

* have + p.p 즉 현재완료(present perfect) 표현 중 경험을 나타내는 표현으로 ever나 never와 같이 써서 '~한 적 있다.' 또는 '~한 적 없다.'로 표현합니다.

가 본 적 있으면 Yes, I have.

가 본 적 없으면 No, I haven't

영희: 아니, 없는데.

No, I've never been there.

철수: 이번 여름 방학 때 가 보지 않을래?

Why don't we go there this summer vacation?

영희: 글쎄, 가고 싶긴 한데, 어떻게 가야 할지 몰라서.

Well, I'd like to go, but I don't know how to go.

* how to go 어떻게 가야할지 = how I should go

철수: 수 선생님의 해외 캠프 프로그램 중 하나를 이용하면 돼. 믿을 만하다고 들은 적 있어.

We can use one of Sue teacher's overseas camp programs. I've ever heard (that) it is very reliable.

* 've ever heard = have ever heard 들은 적 있다 (현재완료의 경험을 표현할 때 씁니다.^^)

* reliable 신뢰할 만한

부담 갖지 말고 편하게 다녀와

Feel free to enjoy your trip.

철수: 드디어 영국 갈 날이 다가오고 있네. 엄청 기다려지네. 이번 여름 방학은 뜻 깊을 것 같아.

At last, the day of England is here. I'm looking forward to that day. It seems that this summer vacation is a very meaningful for me.

* at last 드디어, 마침내 = after all = finally

* The day of England is here. 영국 갈 날이 바로 코앞이다.

= The day of England is just around the corner.

영철: 좋겠다. 영국에도 가 보고.

I envy you your good fortune to go to England.

* envy : 부러워하다 / fortune 행운, 재산

철수: 이번 기말 시험만 잘 치면 맘 편하게 다녀올 텐데.

If I do well on this final, I'll be back easily.

* do well 잘하다, 성공하다

영철: 부담 갖지 말고 편하게 다녀와.

Feel free to enjoy your trip.

* Feel free to ~ 부담 갖지 마라

유럽 여행이 이번이 처음이니?
Is this your first trip to Europe?

철수: 유럽 여행이 이번이 처음이니?
Is this your first trip to Europe?
* trip 여행

영희: 응, 작년 겨울에 교육연구소 힐 캠프를 통해 뉴질랜드는 가 봤는데, 유럽은
처음이야. 너는?
Yes, I went to New Zealand last winter using Sue-edu
camp, but this is my first trip to Europe. How about you?

철수: 나도 처음이야. 그래서 많이 긴장되기도 하고 흥분돼.
So am I. That's why I'm very excited as well as nervous.
* so + 동사 + 주어: ~도 그래 (순서에 주의하세요.^^)
* That's why ~: '그래서 ~하다'의 고급 표현
* A as well as B: B뿐만 아니라 A하다 = not only A but (also) B : A뿐만
아니라 B하다 (순서에 주의)

영희: 영국에 가서 친구로 잘 지냈으면 좋겠다.
I'd like to get along well with each other in England.
* 'd like to = would like to ~ 하고 싶다 / get along well with ~와 죽이
맞다, 사이좋게 지내다

철수: 그래, 고마워.
Sure. Thank you so much.

어디서 본 것 같은데
You look very familiar.

(유럽 캠프를 떠나는 날, 공항에서)

철수: 낯이 익은데.

You look very familiar.

* look은 2형식 자동사로 보어가 필요한데, 형용사를 쓸 수 있죠.
같은 동사류로 seem, feel, smell, taste, sound 등이 있는데, 각각 ~처럼
'보이다, 느끼다, 냄새나다, 맛이 난다, 들린다'로 해석하면 됩니다.

길동: 너, 혹시 대한초등학교 다닌 호동이 아니니?

Are you probably Ho-dong from Daehan elementary school?

철수: 딴 사람과 혼동한 것 같은데.

You must have me mixed up with someone else.

* must have p.p ~였음에 틀림없다. (must의 과거 표현이랍니다.^^) / mix up with ~와 혼동하다

길동: 정말 미안해. 어쨌든 같이 가게 되어 기쁘다.

I'm really sorry. Anyway, I'm happy to go with you.

철수 : 나도.

Me, too.

철수와 영희, 영국 다녀오다

영국에서

철수: 와우, 드디어 영국에 도착했네. 오늘은 나에게 역사적인 날이야.

Wow, here we are at last. Today is a very special day for me.

* at last : 드디어, 마침내 = finally, eventually

영희: 그래? 영국의 첫인상이 어때?

Is that so? What's your first impression of England?

* impression 인상, 느낌

철수: 역시 공항부터 유럽의 향기가 물씬 풍기네.

I could feel strong scent of Europe as soon as I arrived at the airport.

* scent 향기, 자취 / as soon as + 주어 + 동사 : ~하자마자

영희: 여기가 세계 4위를 자랑하는 히드로 국제공항이야. 인천공항보다는 작지만 각종 편의시설이 잘 갖추어져 있어.

This is Heathrow International Airport which is the 4th largest airport in the world. Although it is smaller than Incheon Airport, it has all the modern conveniences.

* 관계대명사 which = 접속사 + 대명사 즉 and + it으로 앞에 있는 명사를 꾸며주는 형용사절이죠.
* although 비록 ~이지만 = though = even though = even if 모두 알아두세요.^^

철수: 그렇구나. 빨리 런던 시내로 가고 싶다.
        That's right. I can't wait to go to downtown.
* can't wait to + 동사원형 : 몹시 하고 싶어 안달이 날 때 쓰면 좋지요.^^

그 말도 일리가 있네
You've got a point.

철수: 오늘은 런던 날씨가 평상시보다 화창하네.

The weather is nice for a change.

* for a change 여느 때와 달리

영희: 방과 후에 시내 쇼핑하러 갈래?

Won't you go shopping after school?

철수: 좋아. 근데, 아직 영어가 서툴러서 우리끼리는 힘들지 않을까?

That's good idea. By the way, isn't it difficult to go there by ourselves because of our bad English?

* by the way 그런데 ~ / by ourselves 우리끼리

cf. 우리끼리 하는 얘긴데…라며 서로 비밀을 말할 땐 'between ourselves' 를 쓰면 좋아요.

ex) That is between ourselves, right? 우리끼리만 하는 얘기야, 알았지?

영희: 그래. 그 말도 일리가 있네. 그렇다면, 수 선생님과 함께 가는 것이 어때?

You've got a point. If so, why don't we go with Sue teacher?

* You've got a point. 네 말도 일리가 있네. (아주 유용한 표현입니다.^^)

철수: 좋아. 수 선생님께 말씀 드려 볼께. 10분 후에 정문에서 보자.

I agreed. I'll speak to her. See you at the main gate in ten minutes.

* in ten minutes '10분 후'로 해석한답니다.^^

철수:　늦어서 미안. 오래 기다렸니?

I'm sorry I'm late. Have you been waiting long?

영희:　무슨 일 있었니?

What happened?

철수:　응, 수 선생님이 자리에 안 계셔서 조금 기다리다 시간이 늦었어.

Yes, I had to wait a bit until she showed up because she was away from his desk.

* had to : have to '~해야 한다.'의 과거형 / wait a bit 좀 기다리다
* show up 나타나다 / be away from ~에 부재중이다

영희:　그랬구나. 괜찮아, 친구 좋다는 게 뭐니? 그런데, 가실 수 있는지는 여쭤 봤니?

I see. Ok, what are friends for? Well, Did you ask her if she can go with us?

* 앞에서 설명했듯이 if는 부사절로 쓰이면 가정법으로 '만약 ~라면'이지만, 위 문장처럼 목적어 즉, 명사절로 쓰이면 '~인지 아닌지'로 쓰지요. (이럴 땐 whether로 바꿔 써도 된다는 사실 꼭 기억하세요.^^)

철수: 물론, 가실 수 있대. 우리가 필요할 땐 언제든지 도와주셨잖아.

Sure, she can. She always helped us whenever we need a hand.

* whenever 복합관계부사로 굉장히 유용하게 쓰이는 표현이니까 잘 알아 두

세요. 해석은 '~할 때마다 언제든지' = every time으로 써도 된다는 사실.

* need a hand 도움을 필요로 하다

꼭 구경해야 할 몇 군데를 알려 주십시오
Please tell me some of the places I should visit.

철수: 실례합니다만 몇 가지 여쭤 봐도 될까요?

Excuse me, but would you mind if I asked a couple of questions?

* mind: 동사로 '~하기를 꺼리다'

영국 시민: 네. 무엇을 도와드릴까요?

Of course not, what can I do for you?

* mind로 물으면 긍정이면 not으로 대답한다는 것 꼭 기억하세요.^^

철수: 저는 한국에서 여름 방학을 이용하여 영국에 온 학생입니다.

I'm here from Korea as a student during my summer vacation.

영국 시민: 네. 런던에 온 걸 환영합니다. 처음 온 건가요?

Is that so? Welcome to London. Well, Is this your first visit to our city?

철수: 네. 처음이라 어디서부터 구경을 해야 할지 몰라서요. 혹시 이 근처에 꼭 구경해야 할 곳 몇 군데를 가르쳐주실 수 있나요?

I'm afraid I'm new here. I don't even know where to

start taking a sight-seeing trip. By any chance, please
tell me some of the places I should visit.

* where to start: 어디서 시작해야 할지 (의문사 + to부정사는 아주 유용
한 표현이지요.^^)

* start: 목적어로 to부정사든 동명사든 둘 다 가능하다는 사실

* by any chance: 혹시

영국 시민: 물론이지요. 이 지도를 보고 알려줄게요.

Sure, I can. I'll show you with this map.

철수: 정말 감사합니다.

I really appreciate your kindness.

* appreciate 감사히 생각하다

여기에서 사진 찍어도 되나요?

Is it permitted to take pictures here?

영희: 와우, 여기가 여왕의 별궁인 윈저성이네요.

Wow, this is the Windsor Castle, the palace of the queen.

수 선생님: 그래. 현재까지도 왕실에서 사용 중이란다.

Sure. It is currently being used by royal family.

영희: 그런데, 그냥 들어가도 되나요?

So, can we break the gate?

* break the gate: '공짜로 (영화관 등에) 들어가다.'라는 유용한 표현이
  죠.^^ = for free를 써도 되지요.

수 선생님: 아니, 먼저 티켓을 구매한 후에 검색대를 통과해야 들어갈 수 있단다.

Absolutely not. It is allowed to enter the castle after buying the ticket and going through customs.

* enter는 '~에 들어가다'로 뒤에 전치사를 쓰면 안 되는 자동사로 착각하기
  쉬운 타동사임을 기억합시다.^^

He entered into her room (x)

He entered her room (o)

영희: 그렇군요. 그런데 여기서 사진 찍어도 되나요?

You are ! Anyway, Is it permitted to take pictures here?

* Is it permitted to take pictures here? 여기에서 사진을 찍어도 되나요?

(permit : 허용하다 = allow)

= Can I take a picture here?

= May I take pictures here? 모두 같은 표현이랍니다.^^

수 선생님: 물론이지.

Yes, you can.

on the tip of my tongue.

영국 선생님: 자, 오늘은 영국의 역사에 관해 배워 볼까요. 먼저, 아주 오래전에 영국
을 지배한 나라가 있었는데, 어느 나라인지 아는 사람 있나요?

Today, we'll start to study about the history of England. First of all, there was a country that ruled over English a great while ago. Do any of you know of which country?

* rule over ~를 지배하다, 통치하다 / a great while ago 아주 오래전에(아
무도 손을 들지 않는다. 조용하다. 그때 철수가 손을 번쩍 든다. 역시 한
국인이구나. ㅎㅎ)

영국 선생님: 그래. 너, 이름이 뭐니?

OK. May I have your name?

철수: 한국에서 온 김 철수라고 합니다.

I'm Kim Cheol-soo from Korea.

영국 선생님: 그래. 어느 나라인지 말해보렴.

Yes, tell me which country.

철수: 저, 화장실 좀 다녀와도 되나요?

May I go to the bathroom now?

(ㅎㅎㅎ ㅋㅋㅋ 교실 안 여기저기서 폭소. 역시 철수^^)

선생님 : 빨리 다녀오렴. 자, 영국은 9세기까지 로마의 식민지였단다.

You'd better hurry up. Well, England was a Roman colony until the 9th century.

* 'd better = had better ~하는 편이 낫다.

영희:　와, 대영제국이 다른 나라의 식민지였다니, 믿어지지가 않네요.

Wow, it is hard to believe that the British Empire was colonized.

* colonize 식민지로 만들다. (여기서는 be colonized 즉, 수동태로 식민지가 되다.)

(그때, 철수 시원한 표정으로 교실로 들어온다. 혼잣말을 중얼거리며)

철수:　어떤 나라인지 입 안에서 뱅뱅 도네.

The country is on the tip of my tongue.

* on the tip of my tongue: 기억날 듯 말 듯하다

완전히 차려입으셨네요
You're all dressed up.

철수: 와우, 수 선생님. 완전히 차려입으셨네요.
Wow, you're all dressed up, Sue teacher.
* dress up 옷을 갖춰 입다

수 선생님: 런던 타워를 보러가기로 해서 신경 좀 썼단다. ㅎㅎ
We're going to visit to the Tower of London, so I tried to look a bit better.
* try to look better 잘 보이려고 애쓰다
* try+to부정사: ~하려고 애쓰다
try+동명사: '시험 삼아 한번 해 보다.'로 의미상의 차이가 있음에 주의합시다.^^

철수: 패션 감각이 있으시네요.
You have an eye for fashion.
* have an eye for ~을 보는 눈이 있다

수 선생님: 그렇게 생각해 주니 고맙구나.
I'm glad you think so.

영희: 타워는 여기서 머나요?
Is it far from here?

수 선생님: 버스로 1시간 정도 가면 돼.
It takes about 1 hour by bus.
* by + 교통수단: ~로 (by the bus가 아니랍니다.^^)

비가 억수같이 내려요
It's raining cats and dogs.

철수: 수 선생님, 어젠 비가 억수같이 퍼부었는데, 오늘은 날씨 어때요?

It rained cats and dogs yesterday, Sue teacher. How is the weather today?

* rain cats and dogs 비가 퍼 붓다.

* How is the weather today? = What is the weather like today? (how 는 전치사 like를 못쓰고, what은 써야 된다는 사실 중요하죠.^^)

수 선생님: 다행히 날씨가 개고 있네. 일기예보에 의하면 오늘은 맑을 거란다.

Fortunately, It'll be clear and worm. The weather forecast says it'll be fine today.

* fortunately 운 좋게도 (반대는 unfortunately 불행하게도)

철수: 그럼 오늘 야외수업은 지장이 없겠네요.

Well, we'll have no difficulty in taking a lesson outdoors.

* have no difficulty in ~ing ~하는 데 지장이 없다

수 선생님: 그래. 오늘 오후 야외수업은 배드민턴인데, 바람도 없다면 금상첨화겠지.

Right. Today's lesson outside is to play badminton. It would be even better if there is no wind.

* It would be even better 금상첨화일 거야 = It would actually be the better

철수: 와우, 배드민턴은 제가 제일 좋아하는 종목 중 하난데, 재밌겠네요.

Wow, it is one of my favorite sports. It'll be very exciting.

어제 필름이 끊겼어
I got blacked out yesterday.

철수: 수 선생님, 어제 잘 들어가셨나요?
Did you get home all right last night, Sue teacher?

수 선생님: 응, 철수구나. 어제 저녁 파티에서 너무 무리해서 필름이 끊겼네.
Hi, I overworked myself at the party last night, and I got blacked out yesterday.

* overwork 과로하다, 혹사하다 / black out 의식을 잃다

철수: 정말요? 그럼 어제 저한테 하신 약속 생각나세요?
Are you sure? So, do you remember the promise with me yesterday?

수 선생님: 뭐였더라?
What was that?

철수: 이번 영국 캠프에서 기념품 사 주시기로 하셨는데.
You promised me a souvenir during this England summer camp.

* sounenir 기념품
* promise는 4형식 수여동사로 쓸 수 있어서 뒤에 간접목적어(~에게) + 직접목적어(~을)를 쓸 수 있다는 사실^^

수 선생님: 내가 그랬나? 기억이 안 나네. 그렇지만 약속을 했으면 지켜야지.
Did I tell you so? I don't remember. But if I made a promise, I have to keep it.

뭔가 허전한 기분이야
feel like something is missing

(한국과 영국 전화 통화)

영철: 영국은 어때?

How is it there?

철수: 너무너무 좋아. 내가 지금 영국에 있다는 게 믿어지지가 않아.

It is too good to be true. I just can't believe that I am here.

* too ~ to 너무 ~해서 ~할 수 없다 = so ~ that 주어 can't 와 같이 많이 쓰이죠.^^

영철: 수업은 힘들지 않아?

Isn't it hard to take classes?

철수: 그다지. 영어로만 수업하니 약간 힘들긴 하지만 며칠 지내보니 이제 적응이 돼.

Not so bad. It's a little tough that all subjects are studied in English. But as time goes by, it gets easier to adapt to the new situation.

* tough 힘든, 어려운 / subject 과목, 주제 / as time goes by 시간이 지남에 따라 (팝송 가사로도 유명하죠.^^) / adapt 맞추다, 적응하다 (cf. adopt 채택하다, 입양하다와 혼동하면 안 되죠.^^)

영철: 다행이다. 그런데, 수업 후에는 주로 뭐 해?

What a relief ! By the way, what do you usually do after school ?

* relief 안도, 안심 / usually 보통, 대개

철수: 야외 스포츠를 많이 해. 어제는 승마를 배웠는데 너무 좋았어.

I usually enjoy various outdoor activities. I took riding lessons yesterday, it's so amazing.

* take riding lessons 승마를 배우다

영철: 부럽다. 나도 정말 가고 싶었는데.

I envy you your good fortune. I really should have gone with you.

* should have p.p ~했어야 했는데 (못 했다)

철수: 같이 왔으면 좋았을걸. 네가 없으니 뭔가 허전한 기분이야. 다음에는 같이 가자.

You should have come with me. I feel like something is missing without you. Please join us next time.

* feel like something is missing 무언가 빠진 것 같이 허전하다.

영철: 그럴 수 있다면 얼마나 좋을까.

I wish I could do that.

* I wish ~라면 좋을 텐데 (다음에 I can이 아니고 could를 쓰는 것에 유의하세요.^^)

만사가 귀찮네
Everything is a bother.

영희: 철수야. 얼굴이 안되어 보이는데, 어디 아파?

You don't look well. How do you feel?

철수: 응. 감기 몸살인가 봐. 온몸이 쑤셔.

I have a bad cold and ache all over.

* ache all over 온몸이 쑤신다 = 다른 표현으로 My whole body is ache.

영희: 어제 비 맞고 돌아다녀서 감기 걸렸구나.

You caught a cold after walking around in the rain yesterday.

* catch a cold 감기에 걸리다 = have a cold

철수: 그런가 봐. 만사가 귀찮네.

Perhaps it is. Everything is a bother.

* perhaps 아마도 / bother 괴롭히다, 성가시다

영희: 그럼 오늘은 무리하지 말고 푹 쉬어.

Don't work too hard today. Just relax.

(영국까지 가서 아프면 안 되죠? 평소 잘 먹고 잘 자고 조금씩 운동을 하면 건강해 진답니다.^^)

그렇게 칭찬해 주시니 몸 둘 바를 모르겠습니다
I don't know how to react to your words of praise.

수 선생님: 철수 너는 영어를 너무 잘하는구나. 잘 생겼지, 운동도 잘하지, 영어도 잘
하지, 못하는 게 없구나.

You are good at English. You are handsome and have a
talent for sports, English also. There is anything you
can't do.

* be good at ~을 잘하다 / There is anything you can't do. 못하는 게 없다.

철수: 선생님, 그렇게 칭찬해 주시니 몸 둘 바를 모르겠습니다.

I don't know how to react to your words of praise, Sue
teacher.

* how to react 어떻게 반응을 보여야 할지 / praise 칭찬하다

수 선생님: 진심이란다. 나중에 커서 틀림없이 훌륭한 사람이 될 거라고 생각해.

No kidding. I'll believe that you'll be something.

* no kidding 농담이 아니다

* something 뭔가 특별한 재능이 있을 때 많이 쓰죠.

ex) 너의 영어실력은 상당하다. = Your ability in English is quite some-
thing.

철수: 감사합니다. 선생님도 멋지시고 유머 감각도 있으시고, 한마디로 멋진 분이세요.

Thank you so much. You are nice and have a sense of humor, in short, you look fabulous, too.

* in short 한마디로, 요약하면 / fabulous 기막히게 멋진, 엄청난

수 선생님: 그래? 기분 좋구나. ㅎㅎ

Are you serious? Great glory!

* great glory "아이 좋아, 이거 놀라운 걸."이라며 감탄할 때 쓰면 좋아요.^^

기분 짱이다
I feel like a million!

철수: 영희야. 나 오늘 기분 짱이다.

I feel like a million today!

* million 백만, 수많은

영희: 그래? 뭐 좋은 일 있어?

Really? Anything good happened?

철수: 수 선생님이 내가 잘 생기고 뭐든지 잘하는 학생이라고 칭찬해 주셨어.

Sue teacher commended me that I am handsome and good at everything.

* commend 칭찬하다, 추천하다

영희: 농담이시겠지. 네가 어디가 잘 생겼냐?

She must be joking. I've never considered you are handsome.

* have never considered 생각해 본 적이 없다.

철수: 야. 이만하면 봐 줄 만하잖아.

Hey, this much is enough, I think.

* this much is enough : 개그맨 허경환이 늘 하는 말 "이 정도 생겼으면 됐

지~~~" ㅋㅋ

영희: 그래. 하기야, 제 눈에 안경이지.

Ok, but beauty is in the eye of the beholder.

* beauty is in the eye of the beholder. 우리 속담에 "제 눈에 안경이지."

에 해당하는 표현 / beholder 보는 사람, 구경꾼

철수: 선생님, 오늘은 마음이 착잡해서 공부가 손에 잘 안 잡히네요.

I have a lot of mixed emotions, I can't work today, teacher.

* have a lot of mixed emotions 감정이 복잡하다, 마음이 착잡하다

영국 선생님: 철수, 무슨 일 있니?

What's the problem, Cheol-soo?

철수: 한국에서 오늘은 부처님 오신 날로 공휴일이라 모두 쉬는 날이에요. 한국에 있었다면 신나게 놀 수 있었단 말이에요.

Today is a national holiday as Buddha's Birthday in Korea. If I had been in Korea, I could have had a ball.

* a national holiday 국가공휴일 / have a ball 신나게 놀다

영국 선생님: 그거 안됐구나. 그런데, 한국에서 5월은 어떤 특별한 의미가 있다며?

What a pity! Well, does May have any special meaning in Korea, doesn't it?

* What a pity! 정말 슬픈 일이구나!

철수: 네. 한국의 5월은 가정의 달이랍니다. 근로자의 날, 어린이날, 어버이날, 스승의 날, 부처님 오신 날이 잇달아 있어요.

Yes we have. May in Korea is Family Month including Labor Day, Children's Day, Parent's Day, Teacher's day and Buddha's Birthday in a row.

* include 포함하다 / labor 노동, 근로 / in a row 잇달아, 줄줄이

영국 선생님: 그렇구나. 그럼 오늘 우리도 수업하지 말고 신나게 놀아 볼까.

Is that so? Well, let's have fun instead of having classes now.

* instead of ~ 대신에

철수: 와우! 선생님 최고.

Wow, you are the pick of the basket.

* the pick of the basket 상품 중에 최우량품, 사람 중에 최고

무소식이 희소식
No news is good news.

철수 맘: 철수가 영국캠프 간 지 일주일이 지났네요. 잘 지내겠죠?

It has been about a week since he went to England. He must be doing nicely, right?

* since ~ 이후로, ~ 때문에

철수 대디: 그동안 한 번도 연락이 없었단 말이야?

Have we heard nothing from him since then?

* since then 그때 이후로

철수 맘: 예. 야속하게도 어쩜 전화 한 통화도 없을까요. 설마 무슨 일 있는 건 아니겠죠?

He is such a heartless boy that he hasn't even contacted us once. Nothing's wrong, I hope.

* heartless 매정한, 비정한 / contact 연락하다, 접촉하다
* Nothing's wrong, I hope. 아무 일 없기를 바란다.

철수 대디: 너무 걱정하지 마. 무소식이 희소식이라잖아. 그러지 말고 내일 우리가 전화 한번 해보자.

Don't worry too much. No news is good news. Come on, let's keep in touch with him tomorrow.

* keep in touch with ~와 연락을 주고받다

철수 맘: 알았어요. 그렇게 해요.

Okay. We'll do that.

(철수야. 영국이 그렇게도 좋으냐. 부모님께 전화 한번 드려라. ㅎㅎ)

나 요즘 멘붕이야
I am in a state of panic.

철수: 나 요즘 멘붕이야.

I am in a state of panic.

* be in a state of panic 공황상태에 있다

영희: 왜? 뭔 일 있어?

Why? What's the matter with you?

철수: 수업시간에 무슨 말 하는지 잘 못 알아듣겠어. 한국에서는 영어 좀 하는 줄 알았는데.

I'm not catching on teacher's speaking during class. I think of myself as a good English.

* catch on ~ing ~하는 것을 따라잡다. / think of A as B: A를 B라고 생각하다.

영희: 그건 나도 그래. 며칠 지나면 좋아질 거야. 힘내. 넌 잘할 거야.

So do I. But, I'm sure it'll be nice in a few days. Cheer up! You can do it.

* 동의할 때는 so + 동사 + 주어를 씁니다.^^

* cheer up 힘내 = hang in there = go for it = way to go 등등 다른 표현 도 알아두세요.^^

철수: 그렇게만 되면 얼마나 좋을까.

That would be great.

(역시 철수 옆엔 영희밖에 없네. ㅎㅎ)

저 애는 내가 점찍었어
That boy (or girl) is mine.
He (or She) is on my list.

인도 소녀: 미찌꼬, 한국에서 온 저 애 정말 멋있지 않니?

Don't you think that boy from Korea looks really cool?

일본 소녀: 응. 우리 일본 애들이랑은 느낌이 달라.

I think so. He feels different from our boys.

인도 소녀: 수업시간에 집중하는 모습이 더 멋있어 보여.

He looks more wonderful when he pays attention in class.

* pay attention: 주의를 기울이다. 집중하다

일본 소녀: 프리얀카, 너 혹시 저 애 마음에 있는 거니?

Do you have a thing for him?

* Do you have a thing? 뭔가 있니? 마음에 있니? (외워두면 좋지요.^^)

인도 소녀: 아마도. 그런데 아직 친구 하자고 말 못 했어.

May be. But I didn't ask him to become my friend yet.

* ask A to B: A에게 B를 요청하다

일본 소녀: 저 애는 이미 내가 점찍었어. 괜히 시간 낭비하지 마. (어이구 요즘 애들 무서
   워라.ㅋㅋ)

That boy is mine. He is on my list. So don't waste your
time.

* waste 낭비하다, 헛되이 쓰다.

(한국 애들은 어딜 가나 인기 짱이라니까. ㅎㅎ)

모든 게 신기하기만 해요
Everything made me wonder.

(한국과 영국 전화통화)

철수 맘: 그래, 런던 생활은 어때?

So how do you like living in London?

철수: 너무너무 좋아요. 모든 게 신기하기만 해요.

It's so amazing. Everything made me wonder.

* wonder 궁금해 하다, 감탄하다

철수 맘: 공부는 힘들지 않아?

Isn't it hard to study ?

철수: 처음엔 수업시간에 힘들었는데, 지금은 괜찮아요.

It was difficult at first during class, but is ok now.

철수 맘: 그래, 다행이구나. 음식은 입에 맞니?

What a relief! How do you like the food?

* relief 안도, 안심

철수: 좋아요. 엄마도 아시다시피 전 뭐든 잘 먹잖아요.

Very good. As you know, I eat just about everything.

* eat just about everything : 뭐든지 잘 먹는다

철수 맘: 그래. 건강 조심하고 거기 있는 동안 많이 보고 많이 느끼길 바란다.

Right. Take care of your health. And I wish you could
feel and see so much while staying there.

* while ~ 하는 동안, ~ 하는 반면에

철수: 네. 제가 없는 동안 엄마도 잘 지내세요.

I see. Take care of yourself as well while I'm here,
Mom.

미안해서 어쩌지
I feel awful.

철수:　오늘 저녁 함께 하실 수 있으세요?

Would you like to come over dinner tonight?

* come over ~ 집에 들르다

수 선생님: 오늘 무슨 날이니?

What special day is today?

철수:　오늘 영희 생일이라, 축하해 주고 싶어서요.

Today is Yeong-hee's birthday. I'd like to congratulate her.

수 선생님: 그래? 오늘 며칠이니?

Really? What date is it today?

* 날짜를 물을 때 What date is it today? 요일을 물을 때 What day is it today?

철수:　8월 12일입니다.

It's August twelfth.

* 12번째는 twelveth가 아니라 twelfth라는 점에 유의해야죠.^^

수 선생님: 그랬구나. 깜빡했네. 물론, 오늘 같은 날 다 같이 저녁 먹어야지.

Oh, I forgot it. Sure. A day like today, we should have dinner all together.

* forget 잊어버리다 (forget-forgot-forgotten)

영국 선생님: 미안해서 어쩌지. 난 선약이 있단다. 영희에게 진심으로 축하한다고 전해 다오.

I feel awful. I have a previous appointment. Please send her my heartiest congratulations.

* feel awful 끔찍한 기분 (너무 미안할 때 써도 된답니다.^^)

* a previous appointment 선약 / heartiest 진심에서 우러나오는

그런 얘기라면 지긋지긋하게 들었다
I had heard endless about it.

영희: 철수야. 수업 끝나고 런던 시내 쇼핑 갈까?

Want to go shopping with me after school?

철수: 영희야. 공부 좀 해라. 공부 좀. 놀 생각만 하지 말고.

Come on! You need to study hard also. Stop thinking about playing so much!

(역시 철수^^)

영희: 야, 너까지 그러기냐. 그런 얘기라면 엄마한테 지긋지긋하게 들었는데.

Hey, even you would do that. I had heard endless about it from Mom.

* even you would do that 너까지 그럴래. (외워두면 좋지요.^^)

* endless 끝없는

철수: 충고해 줄 때가 좋은 거야.

You'd better listen to my advice.

너무 재미있어서 하루하루 시간 가는 줄 모르겠습니다
I lost all track of time everyday as I was having much fun.

영국 선생님: 철수군. 영국 캠프에서 일주일을 지낸 소감을 말해 줄래.

Give your thoughts on spending a week here.

철수: 예. 무엇보다도 수업시간에 거의 알아들을 수 있어서 좋아요.

Above all, it is good for me to understand almost everything in class.

영국 선생님: 그럼, 이제 수업시간이 지루하지 않겠군.

If so, I'm sure you aren't bored in class any more.

* not ~ any more 더 이상 ~하지 않다 = no more와 같은 뜻이죠.

철수: 네. 너무 재미있어서 하루하루 시간 가는 줄 모르겠습니다.

Right, sir. I lost all track of time everyday as I was having much fun.

* lost all track of time everyday 하루하루 시간가는 줄 모르다

영국 선생님: 와우, 대단한 변화네.

Wow! What a change!

나이에 비해서 어려보이네
You look young for your age.

철수: 안녕, 난 한국에서 온 철수라고 해. 반갑다.

Hi, I am Cheol-soo from Korea. Nice to meet you.

니꼬: 안녕, 철수. 난 일본에서 온 니꼬야. 나도 반가워.

Hi, Cheol-soo. I am Niko from Japan. Me, too.

철수: 니꼬, 난 처음에 네가 한국 사람인 줄 알았어.

Niko. At first glance I thought you were Korean.

* at first glance 얼핏 보기에는, 처음에는

니꼬: 그래? 하기야, 한국인과 일본인은 비슷하게 생겼지.

Really? As a matter of fact, Japanese is similar to Korean.

* as a matter of fact 사실상 / be similar to ~과 유사하다

철수: 그런데, 너 중3 맞아? 나이에 비해 어려 보이네.

By the way, are you definitely middle school senior? You look young for your age.

* definitely 분명히, 확실히 / for your age: 나이에 비해

니꼬: 그래? 고마워. 그런 얘기 종종 들어.

Are you sure? Thanks. I often hear such things like that.

나는 어젯밤에 곯아떨어졌다
I slept like a dog last night.

철수: 좋은 아침, 니꼬. 나는 어젯밤에 너무 피곤해서 곯아떨어졌다.

Good morning, Niko. I was so tired that I slept like a dog last night.

* so ~ that: 너무 ~해서 ~하다

* sleep like a dog 곯아떨어지다 = fall asleep

니꼬: 나도. 어제 밤늦게까지 놀았잖아.

So did I. We played late last night.

철수: 근데, 아침 공기가 좀 차다, 그치?

Well, in the morning, there is a chill in the air, right?

* chill 냉기, 한기

영희: 그래. 너희 나라는 지금 엄청 덥지?

Right. Korea must be a dog day now, isn't it?

* dog day 복중, 삼복더위 (개가 참 다양하게 쓰이네요.^^)

철수: 응. 한국은 지금이 한창 더울 때야.

Sure. The summer in Korea is now at its hottest.

* at its hottest 한창 더울 때

Laugh as much as you breathe, love as long as you live.

(유머 하나)

영희: 오늘은 재수 좋은 날이야. 길에서 50센트를 주웠거든.

Today's my lucky day. I found 50 cents on the sidewalk.

* sidewalk 보도, 인도

철수: 네가 주웠다니 다행이다. 내가 학교 가다가 50센트 동전을 잃어 버렸거든.

I'm glad you found it. I lost a 50-cent piece on the way to school.

* on the way 도중에

영희: 내가 주운 건 25센트짜리 동전 두 개야.

But I found two quarters.

* quarter 1/4

철수: 알아. 동전이 땅에 떨어지면서 쪼개진 거야.

I know. It broke when it hit the sidewalk.

(헐!!! 철수의 유머와 재치 ㅋㅋ)

생사람 잡지 마
Don't accuse me.

영희: 어! 책상 위에 둔 초콜릿 누가 먹었지? 혹시, 철수 네가 먹었니?
       Oh, wait. Who's eaten the chocolate on my desk? Did you
       eat?

철수: 무슨 소리야. 난 보지도 못했는데.
       Do me a favor? I've never seen it.
       * do me a favor? 원래 부탁할 때 쓰는 표현이나, 이렇게 터무니없는 소리
         할 때도 쓴다는 사실.^^
       = what the hell are you saying?으로 써도 되지요.

영희: 그래? 그럼, 어디 간 거지?
       Are you sure? Well, where is it?

철수: 혹시, 네 가방 속에 있는 거 아니야?
       Maybe, is it in your school bag?

(가방을 살펴본 후)

영희: 여기 있네. 분명히 꺼내 놓은 줄 알았는데, 철수야 미안.
       Here it is. I really thought I had taken it out. I'm really sorry.

철수: 다음부터 생사람 잡지 마.
       Don't accuse me next time.
       * accuse 고소하다, 비난하다

그게 차이점이네
That is the point of distinction.

철수: 어제는 한국이 현충일로서 국가공휴일이었지.

Yesterday was Memorial Day in Korea, a national holiday.

* memorial day 현충일

영희: 영국도 현충일이 있는데, 11월 11일이며 포피 데이라고 해.

England has Memorial Day also, which is called Poppy Day on November 11th.

철수: 그래. 그것이 한국과 미국의 현충일의 차이구나.

You are. That is the point of distinction between Korea and England.

* distinction 차이, 탁월

뭐가 뭔지 분간이 안 간다
can't make heads or tails of it.

철수: 영희야. 오늘 역사 시간에 배운 것 완벽히 이해가 되니?

Did you fully understand what we learned in today's history lesson?

영희: 응. 조금은. 근데 전반적으로 어렵던데.

I could understand a bit, but it was difficult to understand over all.

* over all 전반적으로 cf. overall 종합적인

철수: 난 뭐가 뭔지 분간이 안 갔어.

I couldn't make heads or tails of it.

* can make heads or tails of it = don't really understand

영희: 유럽 역사에 관한 기본 지식이 없으니까, 어렵긴 어렵더라.

It was definitely difficult because I don't have the elementary knowledge about European history.

* definitely 분명히, 확실히 / elementary 초보의, 기본적인

철수: 세계 역사에 관한 책 좀 많이 읽어 둘걸.

I wish I had read a book on history of the world.

* I wish + 주어 + had p.p 가정법 과거완료 '~했으면 하고 바랬는데…'

너는 정말 박학다식하다
You sure are a man of considerable learning.

철수: 니꼬야. 20세기 초반만 해도 영국은 43개의 식민지를 갖고 전 세계의 4분의 1을 지배하는 거대한 제국주의 국가였다는 사실 알고 있니?

Did you know that in the early to mid 1900's, British was a great imperialist country which has 43 colonies and dominates a quarter of the whole world?

* imperialist country 제국주의 국가 / colony 식민지, 집단 / dominate ~을 지배하다

니꼬: 진짜? 몰랐는데.

Is it true? I didn't know that.

철수: 영국은 영국 연방 외에도 약 14곳의 해외 영토를 갖고 있어. 이 해외 보호령들에 대해 영국은 독립이나 보호를 강요하지 않고, 대부분 자치권을 인정한대. 버뮤다, 케이먼 제도, 포클랜드 군도 등이 여기에 속하지.

In addition to the British Commonwealth, British has about 14 overseas territories. However, England doesn't force them to be separated and protected and allows most of them to have a right of autonomy. These include Bermuda, Cayman Islands, and Falkland Islands.

홍콩은 1842년 난징 조약, 1898년 제2차 베이징 협정을 통해 중국이 영국에 대여해 준 경우로, 1997년에 기간 만료로 다시 중국에 반환되었어.

Hong Kong was leased to British by China through the treaty of Nanjing in 1842 and the 2nd agreement of Beijing in 1898, it was reverted back to China in 1997 because of Britain's 99-year lease for Hong Kong expires.

* in addition to ~ 이외에도 / the British Commonwealth 영국연방 / territory 지역, 영토

* force ~ to ~에게 ~을 강요하다 / separate 분리하다 / a right of autonomy 자치권

* be leased to ~에게 대여되다 / treaty 조약 / revert back 다시 반환하다 / expire 만료되다

니꼬: 철수, 너는 정말 박학다식하다.

You sure are a man of considerable learning.

* considerable 상당히, 많은

(역시 대한민국의 철수. ㅎㅎ)

네가 굳이 그러겠다면
If you insist.

니꼬: 영희야, 오늘 저녁에 런던극장에서 뮤지컬 레미제라블 공연한대. 같이 가지
않을래.

Won't you go to a musical 'Les Miserables' in London
Theatre tonight?

영희: 역사 숙제 아직 다 못 했는데. 너 숙제 다 했니?

I didn't do my history homework yet. Did you finish
your homework?

니꼬: 금방 할 수 있어. 갔다 와서 해도 돼.

I'll be able to do it soon. That can wait.

* That can wait. 급할 거 없어, 나중에 해도 돼

영희: 아, 그래. 그럼, 네가 굳이 그러겠다면.

Oh, very well. then, if you insist.

* insist 고집하다, 주장하다

할 것도 볼 것도 많다
There is a lot to do and see.

철수: 영국에 대해서 한마디로 말한다면?

Can you tell me in a word about England?

영희: 예술을 가르치는 방식이 한국과는 너무 다르다.

The English style of teaching art greatly differs from
that in Korea.

* that in Korea: 비교 대상을 지시대명사 that으로 표현한답니다. 즉, 여기
서 that = The English style of teaching art를 대신합니다.^^

니꼬: 사람들이 친절하고 멋을 낼 줄 알아. 신사의 나라라는 말이 맞는 것 같아.

Britons are very kind and peoples of taste. It seems so
right that England is the country of gentlemen.

* peoples: 민족 ('s'가 붙는다는 사실^^)

아데스: 거리가 깨끗하고 할 것도 볼 것도 많아.

The streets are very clean and there is a lot to do and
see.

신난다
What a lark!

수 선생님: 여러분. 오늘 저녁엔 뮤지컬 오페라의 유령을 보러 가요.

> Listen to me, all of you. We're going to see a musical,
> The Phantom of the Opera, tonight.

철수: 와우, 신난다. 정말 보고 싶었는데.

> Wow, what a lark! I really wanted to see it.

> * lark 종달새, 장난, 농담 / what a lark = so excited

수 선생님: 7시에 런던 로얄 알버트 홀에서 공연하니까, 6시에 버스로 이동할게요.

> It'll be performed at 7 p.m. at Royal Albert Hall in
> London. We're going to have to move by bus at six.

> * by bus = in a bus 버스로, 버스를 타고서 (교통수단은 by 다음에 the를
> 쓰지 않는다는 사실^^)

> * perform 수행하다, 공연하다

철수: 로얄 알버트? 사람 이름인가요?

> Royal Albert? Is it someone's name?

수 선생님: 그래. 왕자였지. 빅토리아 여왕이 그의 죽음을 애도하여 지은 극장이란다.

> Right. He was a prince. Queen Elizabeth built the the-
> atre in mourning his death.

> * mourn = lament 애도하다

철수: 로얄 알버트 홀은 어디에 있나요?

Where is it located?

수 선생님: 다이애나 왕세자비가 살았던 켄싱턴 궁전 맞은편에 있단다.

It is just on the opposite of Kenshington Palace in which Princess Dianna lived.

* opposite 반대편의 (oppose 반대하다)

* in which = where (관계대명사 앞에 전치사를 붙여 관계부사처럼 쓸 수 있답니다.^^)

그래 봤자, 거기서 거기야
It's just six of one and half a dozen of the other.

철수: 미국 영어와 영국 영어가 이렇게 다른 줄 몰랐네.

I didn't realize American English is significantly different from British English.

* significantly 상당히

영희: 영어는 세계 어디에서나 다 똑같은 줄 알았는데.

I thought English is the same the world over.

철수: 근본적으로는 다 똑같잖아.

They are basically all the same.

* basically 기본적으로

영희: 맞아. 그래 봤자, 거기서 거기야. (오십 보 백 보야.)

Right. It's just six of one and half a dozen of the other.

* It's just six of one and half a dozen of the other. = It's not very different.

잠을 설치다
sleep fitfully

철수: 어제 잠을 설쳤더니 피곤하네.

I'm tired because I had such a fitful sleep last night.

* fitful 변덕스러운 cf. 밤새 뒤척이다 tossed and turned all night

영희: 숙제 때문에 잠을 못 잤구나.

You slept poorly over the homework, right?

철수: 응. 그래도 한국에서처럼 더위 때문에 잠을 못 자는 경우는 없잖아.

Right. But, it is rare that we couldn't sleep for the heat like in Korea.

* rare 드문

영희: 맞아. 한국은 지금 더위 때문에 잠을 설치겠지.

Sure. It is sure not to be able to sleep for the heat in Korea now.

영희: 철수야. 어제 영어 발표 테스트 무사히 통과했다며.

I heard you passed the English speech test yesterday.

철수: 응. 천만다행이야.

Yes I did. I was very lucky.

영희: 영어 때문에 힘들어하더니, 네가 드디어 해냈구나. 축하해.

Even if you were under a lot of stress because of English, you finally did it. Congratulations!

철수: 고마워.

Thanks.

백문이 불여일견
Seeing is Believing

영희: 캠프에 오기 전에는 제가 영어를 못할 거라고 생각했는데, 이제는 영어를 말
하는 데 더 자신감이 생긴 것 같아요.

Before I came to camp, I thought I couldn't speak English, but now I think more confidence in speaking the English language.

* confidence 신뢰, 확신, 자신감

수 선생님: 맞아. 백문이 불여일견이라는 말이 있듯이, 언어는 현지에서 배워야 돼.

That's right. To learn foreign language, it is the best way to go and live in the country as it says seeing is believing.

* seeing is believing 보는 것이 믿는 것 = 백문이 불여일견

영희: 네. 이런 좋은 기회를 주셔서 감사해요.

I appreciate your giving me the opportunity to study here.

* opportunity 기회

수 선생님: 아니란다. 기회가 왔을 때 잡은 네가 정말 기특하단다.

Don't mention it. It is highly commendable that you did it when you have the opportunity to do something.

* Don't mention it 별말을 다 한다, 그렇게 말하지 않아도 돼 / commendable 칭찬할 만큼 훌륭한

축구하면 역시 영국이지
When we talk about soccer, we can't leave out England.

비컴: 철수야. 한국이 2022 카타르 월드컵 예선을 통과했다며. 축하한다.
I heard Korea qualified for 2022 World Cup in Qatar. Congratulations.
* qualify 자격을 얻다

철수: 고마워, 비컴. 아시아 국가로는 최초로 월드컵 9회 연속으로 나가게 되었어.
Thanks. Korea, my country, has made it to its 9th successive World Cup finals for the first time in Asia countries.
* successive 연속적인 cf. successful 성공적인

비컴: 와우, 대단한데.
Wow, that is amazing!

철수: 그래도, 축구하면 너희 영국을 빼놓을 수 없잖아.
Well, when we talk about soccer, we can't leave out England, your country.
* leave out 빼다, 생략하다 = omit, exclude, neglect

비컴: 하긴, 우리는 축구 없이 못 살지. ㅎㅎ
In fact, we can't imagine life without it.
* in fact 사실상 / imagine 상상하다

(축구하면 역시 영국이지요.^^)

말이 나왔으니 하는 얘긴데
Now that you mention it, ~

철수: 말이 나왔으니 하는 얘긴데, 영국 축구에서 데이비드 베컴을 빼놓을 수는 없
잖아. 그러고 보니, 너와 이름이 비슷하네. ㅋㅋ

Now that you mentioned it, we can't leave out David
Backham in English soccer. Come to think of it, he has
similar name with you.

* Now that ~ 이므로 / Now that you mentioned it 네가 그것을 언급했
으므로 = 말이 나왔으니 하는 말인데
* come to think of it ~ 그러고 보니

비컴: 물론이지. 한국에 축구스타 박지성이 있었듯이.

Sure. As Korea had Park ji-seong, a world-class soccer
star.

철수: 그래. 2002년 한일월드컵에서 한국이 4강 진출하는 데 일등공신이었지.

Right. He was the one who led Korea into the semifi-
nals at the 2002 Korea-Japan World Cup.

* the one who led 이끈 바로 그 사람 = 일등공신 / semifinal 준결승

비컴: 너하고 축구 얘기하니까 너무 재미있다. ㅎㅎ

I'm a lot of fun as we're talking about soccer.

* a lot of 많은 = lots of = plenty of

너 설마 진심은 아니겠지?
You don't mean to say so, do you?

철수: 캠프 오기를 정말 잘한 것 같다. 그치?

It looks like I did the right thing by coming here. Is that so?

영희: 그래. 처음엔 많이 망설였는데, 와 보니 너무 좋다. 좋아도 너무 좋아. (어디서 많이 들어본 소린데 ㅋㅋ)

Right. I hesitated to come here af first, but I like it here now. This is too good to be true.

* hesitate 주저하다, 망설이다

* too good to be true 너무 좋아서 믿어지지 않는다 (too ~ to ~ 너무 ~해서 ~하지 않다 로 해석^^)

철수: 한국으로 돌아가기 싫은데. 여기서 계속 살까?

I don't want to go back to Korea. Shall we stay here?

영희: 너 설마 진심은 아니겠지?

You don't mean to say so, do you?

* mean 의미하다, 어떤 의도로 말하다

시험이라면 정말 지긋지긋해
We're fed up with exam.

앤드류: 한국 학교는 보통 시험이 몇 번이야?

How often does it take an exam in Korean school?

* take an exam 시험을 치다

철수: 일 년에 4번 중요한 시험이 있는데, 각각 2번의 중간고사와 기말고사가 있어. 그리고 영어듣기시험이 일 년에 4번 정도 있고, 고등학교에서는 대학입학을 위한 모의고사 시험을 매달 치러야 해. 시험이라면 정말 지긋지긋하지.

There are four major exams during the semester in a year, two midterms and two finals. And we should take a English Listening Ability test at least four times a year. Furthermore, in high school, we have to take the mock exam monthly to prepare for college admission. We're fed up with exam.

* furthermore 게다가 = besides, moreover, in addition 등과 같이 알아두면 좋지요.^^

* mock은 원래 비웃다, 조롱하다인데 뒤에 test 또는 exam을 붙여서 모의고사로 쓰인답니다.^^

* fed up with ~에 진절머리 나다.

앤드류: 헐, 정말 그렇겠다.

OMG, I bet you were.

잠깐 쉬어가는 코너

오늘은 세계 각국 친구들과 인사 나누어요.^^

Korea: 안녕하세요

= Armenia: 아살롬 알라이쿰

= Belgium: 봉쥬르 or 할로우

= Bulgaria: 주드라베이

= Estonia: 테레

= France: 봉쥬르

= Germany: 구텐탁

= Italy: 부온 지오르노

= Mexico: 홀라 꼬모에스트

= Mongolia: 삼베노

= Netherlands: 호이

= Portugal: 봉디아

= Romania: 부너 지우라

= Russia: 주드라스 비이쩨

= Spain: 부에노스 디아스

= Sweden: 헤이산 or 굿모론

= Japan: 곤니찌와

철수와 영희, 영국 영어캠프 다녀오다

다시 한국에서

시차적응이 안 된 것 같다
I think it's the jet lag.

철수:　해외 여름 캠프 다녀와서 그런지 공부가 안되네.
I don't like studying after summer camps abroad.

영희:　시차적응이 잘 안 되서 그런가 봐.
I think you're pretty jet-lagged.
* jet lag 시차

철수:　그럴 수도 있겠네. 아, 다시 해외 캠프 가고 싶다.
That could be so, but I'd like to go to camp again.

영희:　갔다 온 지 얼마 되었다고 그 소리냐.
Here you go. It was just a few days ago that you've been there.
* Here you go "이거 봐." 정도^^

굳이 말하지 않아도
bother to tell him ~

철수 맘: 여보, 철수가 캠프 갔다 오더니 확 달라졌어요.

Honey, Cheol-soo is quite a different man after camp.

철수 대디: 어떻게?

How is he changed?

철수 맘: 공부하라고 굳이 말하지 않아도 스스로 공부하는 시간이 많아졌어요.

He spends more and more time studying for himself
than before, bother to tell him.

* spend ~ing ~하는 데 시간을 보내다, ~하는 데 돈을 쓰다 / bother 신경
쓰다, 성가시다

철수 대디: 역시 캠프 보내길 잘한 것 같아.

It looks like a good job we sent him to camp.

늦어도 안 하는 것보다 낫다
better late than never.

철수: 캠프 갔다 오니 영어가 조금 쉽게 느껴져.
English seems easy after camp.

영철: 그래, 듣던 중 반가운 소리네.
Wow, that's nice to hear.

철수: 너도 이번 겨울 방학 때 한번 갔다 와.
Why don't you try it this coming winter vacation?

영철: 좀 늦은 게 아닐까?
Is it too late to try it?

철수: 늦게라도 하는 것이 안 하는 것보다 낫잖아.
It's better late than never.

두말하면 잔소리지
You bet your life.

철수: 이번 캠프는 세계 각국의 새로운 사람들을 만나고 친구를 사귈 수 있는 좋은
기회였던 것 같아.

This camp was a fine opportunity to meet new people
and to make friends from around the world.

* make friends 친구를 사귀다

영철: 좋은 친구 많이 사귀었어?

Did you make a lot of new good friends?

철수: 두말하면 잔소리. 거의 매일 이메일로 연락하고 지내.

You bet your life. Almost everyday, we contact one
another by e-mail.

* bet 돈을 걸다, 틀림없다
* one another 서로 (세 명 이상일 때) cf. each other 두 명일 때

영철: 좋겠다.

How lucky!

무엇보다도
first of all = above all = most of all

철수 맘: 이번 캠프에서 느낀 점이 있다면?

How did you feel about this camp?

철수: 음, 자신감, 여유로움, 자유 그리고 무엇보다 공부를 더 열심히 해야겠다는 것을 느꼈습니다.

Well, I felt confidence, breadth of mine, and freedom. Above all, I felt that I'll study harder.

* confidence 자신감 / breadth 폭, 너비

철수 맘: 왜지?

Why would you think that?

철수: 정말로 유학 가고 싶어서요.

I really hope I'll go study abroad.

* go abroad 해외로 가다

뒤풀이 파티
post-camp party

영희: 어제 캠프 뒤풀이 파티가 있었어요.

We had a post-camp party yesterday.

* post-camp party 뒤풀이 파티 = party after camp

영희 맘: 와우, 재미있었겠다.

Wow, you must have had a lot of fun then.

* must have p.p ~ 이었음에 틀림없다

영희: 네. 모두 캠프 에피소드로 시간 가는 줄 몰랐어요.

Sure. We were unaware of the passage of time talking anecdotes at camp one another.

* be unaware of the passage of time 시간 가는 줄 모르다 = lose track of time 같이 알아 두세요.^^
* anecdote 일화, 진술

영희 맘: 그래. 뭐든지 끝나고 나면 아쉬움이 남는 법이지.

I see. Whatever you do, something was missing after it finished.

* whatever 무엇이든지 간에 (복합관계대명사라고 합니다.^^)
* something is missing 뭔가 빠진 것처럼 아쉽다

어색하지 않을까?
Won't it be awkward?

철수: 오늘 저녁 캠프에서 만난 친구들 만나러 갈 건데 같이 갈래?

I'm gong to see friends tonight whom I've met at camp.

* whom 목적격관계대명사 = 접속사 + 목적어

영철: 아무도 모르는데. 어색하지 않을까?

I don't know anyone. Won't it be awkward?

* awkward 어색한, 불편한 = inconvenient

철수: 그러지 말고 가자. 좋은 친구들이야.

Come on. They are good friends.

영철: 알았어. 네가 굳이 그러자면.

Okay. If you insist.

* 앞에서 살펴본 표현이네요. 기억나시죠?

해외캠프 후유증
the aftermath of overseas camp

철수: 요즘 재미없다.

I don't have fun recently.

* recently 최근에

영철: 왜?

Why?

철수: 캠프 이후로 학교 공부가 지루해 미치겠다.

I'm bored out of my skull during the class after camp.

* out of my skull ~해서 미칠 지경이다

영철: 캠프 후유증이구나.

You're suffering the aftermath of overseas camp.

* suffer 시달리다, 고통 받다 / aftermath 여파, 후유증

말도 못 꺼내게 한다
put ~ to silence

철수: 엄마가 뭐라고 하셨는데?

What did your mom actually say?

* actually 사실상

영희: 겨울 캠프 상의하려고 했는데, 말도 못 꺼내게 하잖아.

I'll try to talk about this winter camp, but she put me to silence.

* put ~ to silence 옥박질러 말을 못하게 하다

철수: 여름캠프 끝난 지 얼마 되었다고, 너무 빠른 거 아니니?

Summer camp was not yet a few days, so I think you are too early to tell.

* too early to tell 말하기엔 너무 이르다

영희: 그래도 그렇지.

I know that, but.

화해하다
make up with ~

철수: 엄마랑 화해했어?

Did you make up with your Mom?

* make up with ~와 화해하다

영희: 응. 조금 더 생각할 시간을 달라고 하시더라.

Yes I did. She asks me for more time to consider.

* ask ~ for ~에게 ~을 요청하다 / consider 고려하다, 심사숙고하다

철수: 그거 봐. 내가 뭐랬어. 막무가내로 거절하신 건 아니잖아.

Look, I told you so. She didn't reject your proposal for no reason.

* reject 거절하다 = refuse = turn down

* proposal 제안 / for no reason 아무 이유 없이

영희: 아무튼 난 이번 겨울 캠프도 꼭 가고 싶단 말이야.

At any rate, I really want to go at this coming winter camp also.

* at any rate 이유야 어찌되었든

마음 한구석이 허전해
I feel an emptiness in my heart.

영희: 요즘 어떻게 지내.

What are you up to these days?

* What are you up to 뭐하고 지내, 뭐해 = How are you doing = How is it going

철수: 캠프 끝나고 나니 마음 한구석이 허전해. 너는?

I feel an emptiness in my heart now that the camp is over.

* emptiness 공허, 텅 빔

영희: 나도. 우리 다시 만나고 싶다.

Me, too. I'd very much like to see you again.

철수: 그래. 겨울 방학 때 뉴질랜드에서 볼까?

So would I. Shall we see again in New Zealand during this winter vacation?

* so + 동사 + 주어: ~도 그래 (순서에 주의하세요.^^)

간단히 요기하다
grab a bite to eat

철수: 배고파 죽겠네. 학교 끝나고 뭐라도 좀 먹자.

I'm starved. Let's grab a bite to eat after school.

* starve 굶주리다

* grab a bite to eat 간단히 먹다 (grab 붙잡다)

ex) Why don't we grab a bite to eat over there? 우리 저기 들러서 요기
    나 할까?

영희: 맥도널드에서 햄버거 어때?

Shall we have hamburgers at Mac?

철수: 그거 좋지. 오늘은 내가 쏠게.

Sounds good. It's on me today.

* on me 내가 낸다

ex) This round is on me. 이번엔 내가 쏠께

영희: 아니. 부담 없이 각자 내자.

No. Let's go dutch without burdens.

* Let's go dutch. 각자 분담하자 (Dutch 네덜란드의) / burden 부담, 짐

왜 우거지상을 하고 있니?
Why are you all ruffled up?

철수:　왜 우거지상을 하고 있니?

Why are you all ruffled up?

* ruffled up 헝클어트리다 (ruffled 주름이 있는)

영희:　좀 있으면 중간고사잖아.

Mid-term exam is upcoming

* upcoming 다가오는

철수:　시험은 늘 잘 치면서.

You always scored well on tests.

영희:　그래도 시험은 늘 마음에 걸려.

Anyway, examinations weigh on my mind at all time.

* anyway 그건 그렇고 / weigh on my mind (weigh 무게가 ~이다) / at
all time 항상 = always

숙제가 밀려있다
behind in my homework

영희 맘: 숙제 다 했니?

Are you done with your homework?

영희: 아직. 오늘 숙제가 많아서 밀려있어요.

Not yet. I'm behind in my homework due to a lot of assignments today.

* due to ~ 때문에 / assignment 과제, 임무

영희 맘: 그러다가 숙제 안 해 가서 혼나지 말고 시간 있을 때 미리 해두지 그러니?

You'll get into trouble if you don't do it, so why don't you work on it in advance?

* get into trouble 곤란한 상황에 빠지다 / work on it 그렇게 해라 / in advance 미리, 사전에

영희: 네. 알았어요.

Okay.

(아~ 숙제 없는 세상에서 살고 싶다. ㅠㅠ)

설마 그럴 리가
That can't be right.

철수: 이번 영어시험 망치면 어떡하지?

What should I do if I mess up on this English test?

* What should I do 어쩌면 좋을까 ('wsid'라고 줄여 쓰기도 합니다.^^)

/ mess up 엉망으로 만들다

영희: 그럴 리가. 너 영국캠프도 갔다 왔잖아.

That can't be right. You've been to English camp.

* That can't be right. 말도 안 된다 (can't be ~일 리가 없다)

* 've been to = have been to ~에 간 적 있다, 다녀오다

철수: 그래서 더 부담되네.

It makes me more uncomfortable.

* make + 목적어 + 형용사 = ~를 ~하게 하다 / uncomfortable 불편한

영희: 너무 걱정하지 마. 틀림없이 잘 될 거야.

Don't worry. I'm sure it's going to be successful.

* sure 확신하는 / successful 성공적인, 출세한

그거 끝내줬다
It was terrific.

철수: 최근에 영화 본 적 있니?

Have you seen any movies lately?

* lately 최근에 (late 늦은)

영희: 아니. 너는?

No, I haven't. And you?

철수: 어제 '나우 유 씨미'라는 영화를 봤는데 정말 끝내줬어.

I saw a movie last night, Now You See Me. It was terrific.

* terrific 멋진, 훌륭한

영희: 아, 마술사들 나오는 영화 말이지.

You mean the film with magicians.

변덕이 죽 끓듯 한다
blow hot and cold

철수: 주말에 뭐 하고 지냈어?

What did you do over the weekend?

* over the weekend 주말 동안 cf. on weekends 주말마다 = every weekend

영희: 평소와 똑같이 지냈어.

I was as usual.

* as usual 평상시처럼

철수: 친구들이랑 영화 보기로 하지 않았니?

Did you have a plan to go to the movies with your friends, didn't you?

영희: 친구들이 안 간데. 변덕이 죽 끓듯 하는 애들이야.

They canceled it. Their personalities blow hot and cold.

* personality 성격, 인격 / blow 불다

철수: 일기예보에서 오늘 태풍이 오고 있다는데.

The weather forecast said the typhoon was coming.

* weather forecast 일기예보 (forecast 예측)

영희: 응. 나도 들었어.

I heard of it.

* hear of ~에 대해 듣다

철수: 제주도에 이미 태풍의 진로 안에 들어갔다던데.

Jejudo was in the path of a typhoon already.

* path 작은 길, 방향

영희: 이번만큼은 큰 피해가 없으면 좋겠다.

I hope there isn't a great deal of damage this time.

* a great deal of 많은 = much

말만 해
You name it.

철수: 너 시험 치고 하고 싶은 거 있어?

What do you want to do after exam?

영희: 글쎄, 딱히 하고 싶은 건 없는데.

I have no idea about what to do especially

* what to do 무엇을 해야 할지 / especially 특별히

철수: 쇼핑? 영화? 노래방? 뭐든지 말해 봐.

Shopping, movie, or Noraebang? You name it.

* You name it. 뭐든지 말만 해. = Tell whatever you want.

영희: 그렇다면, 노래방 가서 스트레스나 풀자.

Well, let us go to Noraebang and release stress.

* release 풀어주다, 놓아주다

밑 빠진 독에 물 붓기네
It's going nowhere.

철수: 더 이상 공부할 맛 안 난다.

I don't feel like studying any more.

* not ~ any more 더 이상 ~하지 않다

영희: 왜? 이번 중간고사 망쳤니?

Why? Did you mess up this test?

* mess up 엉망으로 만들다

철수: 응. 최선을 다했는데, 정말 밑 빠진 독에 물 붓기네.

I suppose so. I tried my best, but it's going nowhere.

* I suppose so. 그런 것 같아.

* It's going nowhere 전혀 진전이 없다.

영희: 너무 실망하지 마. 기대가 크면 실망도 큰 법이야.

Don't be too discouraged. The higher the expectation, the greater the disappointment.

* discourage 좌절시키다

* the 비교급, the 비교급 ~하면 할수록 더 ~하다 / expectation 기대 / disappointment 실망

남녀노소 불문하고
regardless of age or gender

철수: 우리나라 스마트폰 사용자가 몇 명인지 아니?

Do you know how many people are using a smart-phone in Korea?

영희: 우리나라 인구가 약 5천만 명이니까, 반 이상은 되지 않을까?

Judging from the population of our country is about 50 millions, don't you think it is more than half of them?

* Judging from ~으로 판단하건대 / population 인구

* more than half of them 그것들의 반 이상 (여기서 them은 앞의 50 millions를 가리킵니다.)

철수: 놀라지 마. 약 5천 만 명이래.

Are you ready for this? About 50million people!

* Are you ready for this? 이 얘기 듣고 놀라지 마, 각오 되었나요? (아주 유용한 표현입니다.^^)

영희: 진짜? 그렇다면 남녀노소 불문하고 적어도 1대씩 가지고 있는 거네.

Really? If so, everyone owns at least one smartphone regardless of age or gender.

* own 소유하다 / at least 최소한 / regardless of ~과 관계없이

철수: 뉴질랜드의 수도가 오클랜드 맞지?

Auckland is the capital of New Zealand, right?

* capital 수도, 자본, 대문자

영희: 아니. 웰링턴이야. 많은 사람들이 오클랜드를 수도로 잘못 알고 있어.

No. It's Wellington. Most people have mistaken Auckland for the capital of it.

* mistake A for B: A를 B로 잘못 알다 (it = New Zealand)

철수: 나도 지금까지 그렇게 알고 있었는데.

That's what I've known so far.

* so far 지금까지

영희: 오클랜드가 뉴질랜드에서 가장 큰 도시라 착각하기 쉽지.

Since Auckland is the biggest city in New Zealand, it's easy to mistake.

* since ~이기 때문에, ~ 이후로

철수: 그런데, 미국에도 오클랜드가 있다는데.

By the way, I know there is Oakland in America.

영희: 그래. 캘리포니아 주에 오클랜드라는 도시가 있어.

Right. It's located in California, USA.

* locate 위치하다

철수: 좀 헷갈리네.

It's a little confused.

* confuse 혼란스럽게 하다

영희: 뉴질랜드와 미국의 오클랜드는 발음은 같지만 철자가 틀려.

Auckland in New Zealand and Oakland in America are spelled differently but pronounced the same.

* pronounce 발음

나는 금시초문인데
That's quite news to me.

영철: 내일 철수 생일인 거 알고 있지?

Did you know tomorrow is Cheol-soo's birthday?

영희: 아니. 금시초문인데.

No I didn't. That's quite news to me.

* quite 아주, 정말

영철: 네가 모를 리 만무하다. 제일 친한 친구잖아.

It's hardly possible that you don't know about it. He is
your best friend.

* hardly 거의 ~가 아니다 (hard 힘든, 열심인)

영희: 그래, 농담이야. 당연히 알고 있지.

Actually, I'm just joking. I surely know about it.

* joke 농담 / surely 분명히, 당연히

진퇴양난이다
be in a dilemma

철수: 너 이번 중간고사에 영어 몇 점이야?

What was your English score this mid-exam?

영희: 다행이도, 80점 경우 넘었어. 너는?

Fortunately, my grade was a little over 80. And you?

* Fortunately 다행스럽게도 / grade 점수, 학년

철수: 나는 84점이야. 우리 과외 해 볼까?

I was 84. Shall we get private lessons?

* shall we ~? 우리 ~해 볼까? / private lessons 개인 교습

영희: 그러고 싶은데, 하자니 시간이 없고, 그대로 있자니 성적이 안 오르고, 그야
말로 진퇴양난이다.

**I wish I could, but I don't have the time. And, it is
never improve as it stands. That is in a dilemma.**

* I wish I could ~하면 좋을 텐데

* improve 개선되다, 나아지다 / as it stands 현재 상태 그대로 / dilemma
딜레마

마음은 굴뚝인데 몸이 안 따라 주네
The spirit is willing,
the flesh is weak.

철수: 주말에 하고 싶은 거 있니?

Is there anything else you'd like to during weekend?

* 'd like to = would like to ~하고 싶다

영희: 하루 종일 잠만 자 봤으면.

I just want to sleep all day.

* all day 하루 종일

(모든 학생들의 꿈이죠. ㅎㅎ)

철수: 운동 좀 하는 게 좋잖아.

You'd better workout.

* 'd better = had better ~하는 편이 낫다 / workout 운동 = excercise

영희: 마음은 굴뚝인데 몸이 안 따라 주네.

The spirit is willing, the flesh is weak.

* spirit 영혼, 정신 / willing 기꺼이 하는 (be willing to 기꺼이 ~ 하고 싶다)

* flesh 고기, 육신 / weak 연약한

거침없이, 술술
without a hitch

영철: 영희는 영국 캠프 후에 영어가 장족의 발전을 했더라.

Yeong-hee made rapid strides in English after England camp.

* make rapid strides 장족의 발전을 하다 (rapid 빠른 / stride 발걸음, 성큼성큼 걷다)

창호: 나도 알아. 원어민 선생님과 영어로 유창하게 대화하더라.

I know. She speaks English fluently with a native-speaking teacher.

* fluently 유창하게

영철: 해외 캠프가 짧지만 도움이 되긴 되는구나.

Although camps abroad is a short time, it seems to be useful to English.

* Although 비록 ~일지라도 / abroad 해외로 / useful 유용한

창호: 나도 외국인과 거침없이 술술 영어로 말하고 싶다.

I wish I could speak English with foreigners without a hitch.

* I wish I could ~ 하면 좋을 텐데

* foreigner 외국인 / without a hitch 거침없이 (hitch 얻어 타다, 걸다, 매다)

스트레스가 이만저만 아니다
There's an awful lots of stress.

철수: 다음 주 영어말하기 대회인데, 스트레스가 이만저만 아니다.

I'm going to attend English speech contest next week, there's an awful lots of stress.

* be going to ~할 예정이다 = will / attend 참석하다, 주의를 기울이다 / awful 끔찍한

영희: 뭐가 문제야? 준비 많이 했잖아.

What's wrong with that? You have already prepared for it.

* prepare for ~에 대해 준비하다

철수: 그래도 완벽하지가 않은 것 같아서.

And now, I think that it is far from perfect yet.

* far from 전혀 ~가 아닌 / perfect 완벽

영희: 연습만이 완벽함을 만든다잖아. 계속 연습하는 수밖에.

You know what they say "Practice makes perfect.". You've got to stick at it.

* stick at it 끈기 있게 꾸준히 하다

아무래도 걸신들렸나 봐
I think I have a wolf in my belly.

철수: 배고파 죽겠다.

I'm dying of hunger.

* be dying of ~으로 죽을 지경이다

영희: 점심 먹은 지 얼마 되었다고.

You haven't been having lunch for very long.

철수: 아무래도 걸신들렸나 봐.

I think I have a wolf in my belly.

* have a wolf in my belly 걸신들리다 (belly 배)

영희: 추운 것보다는 배고픈 것이 낫다.

I'd rather be hungry than cold.

* 'd rather = would rather ~하는 편이 낫다 = had better

늘 제자리걸음인 것 같다
I feel I'm spinning my wheels.

영철: 영어는 나와 잘 맞지 않아.

English is not my strong suit.

* not my strong suit 잘 맞지 않다 (suit 어울리다, 정장)

영희: 왜 그렇게 생각하니?

Why do you think so?

영철: 영어가 늘지 않고 늘 제자리걸음인 것 같아서.

I feel I'm spinning my wheels with my English.

* spin one's wheels 다람쥐 쳇바퀴 돌 듯하다, 늘 제자리인 것 같다
ex) I'm just spinning my wheels. 다람쥐 쳇바퀴 돌 듯 살고 있다.

영희: 로마는 하루아침에 이루어진 게 아니라는 말이 있잖아. 끈기 있게 해 봐.

They say that Rome wasn't built in a day. Stick to your studies.

* Stick to ~ 계속 ~하다

썰렁해
That's a lame joke.

철수: 아마존은 처음 발견한 사람은?

Do you know who discovered Amazon?

영희: 글쎄, 모르겠는데.

Well, I have no idea.

철수: 아마⋯ 존. ㅋㅋ

Perhaps… John.

영희: 야, 썰렁해. 분위기 좀 바꾸자.

Oh my god! That's a lame joke. Let's break the ice.

* That's a lame joke : lame은 '절름발이의, 서투른'이란 뜻인데, 직역하면 "그거 너무 서투른 농담이야."로 이상한 농담으로 분위기를 어색하게 만들 때 쓸 수 있는 재미있는 표현이랍니다.^^

cf. 좀 딱딱한 표현은 I don't think it's funny at all.

(한국식 썰렁한 유머^^)

네 똥 굵다
You are something else.

철수: 한라산 높이가 얼마인지 아니?

Do you know how tall Halla Mountain is?

영희: 글쎄, 약 1,000미터쯤 되나?

Well, it is located about 1,000 meter?

철수: 정확히 해발 1,947미터야. 그것도 모르니?

It exactly rises 1,947 meters out of the sea. Don't you
know?

* out of the sea 해발 = above sea level

영희: 그래 너 잘났다.

Yes, you are something else.

* 비슷한 표현으로는 You're the boss.

(모를 수도 있지. 좀 안다고 남을 무시하면 안 되지요.)

실제 경험담
real life experiences

철수: 여가 시간에 주로 뭐 해?

What do you usually do in your spare time?

* spare time 여가 시간 = free time

영희: 블로그 업데이트해. 캠프 후에 블로그 만들었거든.

I usually update my blog. I made it after camp.

철수: 뭐에 대해 쓰는데?

What do you write about?

영희: 캠프에서 보고 듣고 느꼈던 것들을 올려. 그건 실제 경험담이야.

I post what I saw, heard and felt at the camp. What I write about is real life experiences.

* post 글을 올리다

복습하기

지금까지 배운 문장들로 이제는 제대로 영어로 표현할 수 있겠죠.
복습으로 다음 문장들을 보고 다시 한 번 영어로 표현해 볼까요?

푹푹 찐다.

발을 담그다.

그녀는 너무 심했어.

내 입장이 되어 봐.

그냥 기분이 묘하더라.

실컷 게임이나 할래?

내 신세가 처량하다.

피곤해서 녹초가 되었다.

비 온 뒤에 땅이 굳어진다.

어찌나 완강한지 거절할 수가 없었어요.

좀 더 자세히 말씀해 주시겠어요?

싼 게 비지떡이다.

난 외톨이가 되기 싫거든요.

그보다 더 좋을 순 없다.

세상 참 좁군요.

그 선생님은 공부를 빡시게 시킨다.

확률은 반반이야.

가타부타 말이 없으시네.

세월 정말 빠르다.

당근이지.

좋은 계획들은 좋은 결과를 낳는다.

영국에 가 본 적 있니?

부담 갖지 말고 편하게 다녀와.

유럽 여행이 이번이 처음이니?

어디서 본 것 같은데.

영국의 첫인상이 어때?

그 말도 일리가 있네.

친구 좋다는 게 뭐니?

꼭 구경해야 할 몇 군데를 알려 주십시오.

여기에서 사진 찍어도 되나요?

입 안에서 뱅뱅 도네.

완전히 차려입으셨네요.

비가 억수같이 내려요.

어제 필름이 끊겼어.

뭔가 허전한 기분이야.

만사가 귀찮네.

그렇게 칭찬해 주시니 몸 둘 바를 모르겠습니다.

기분 짱이다.

마음이 착잡해서 일이 손에 잘 안 잡혀요.

무소식이 희소식

나 요즘 멘붕이야.

저 애는 내가 찍었어.

모든 게 신기하기만 해요.

미안해서 어쩌지.

그런 얘기라면 지긋지긋하게 들었다.

너무 재미있어서 하루하루 시간 가는 줄 모르겠습니다.

나이에 비해서 어려보이네.

나는 어젯밤에 곯아 떨어졌다.

살아 숨 쉴 때 실컷 웃고 살아있는 한 사랑하며 살아라.

생사람 잡지 마.

그게 차이점이네.

뭐가 뭔지 분간이 안 간다.

너는 정말 박학다식하다.

네가 굳이 그러겠다면.

할 것도 볼 것도 많다.

신난다!

그래봤자, 거기서 거기야.

잠을 설치다.

드디어 해냈구나.

백문이 불여일견이다.

축구하면 역시 영국이지.

말이 나왔으니 하는 얘긴데.

너 설마 진심은 아니겠지?

시험이라면 정말 지긋지긋해.

시차적응이 안된 것 같다.

굳이 말하지 않아도.

늦어도 안 하는 것보다 낫다.

두말하면 잔소리지

무엇보다도

뒤풀이 파티

어색하지 않을까?

해외캠프 후유증

말도 못 꺼내게 한다.

화해하다.

마음 한구석이 허전해.

간단히 요기하다.

왜 우거지상을 하고 있니?

숙제가 밀려있다.

설마 그럴 리가.

그거 끝내줬다.

변덕이 죽 끓듯 한다.

태풍의 진로 안에 들다.

말만 해.

밑 빠진 독에 물 붓기네.

남녀노소 불문하고

잘못 알다.

나는 금시초문인데

진퇴양난이다.

마음은 굴뚝인데 몸이 안 따라 주네.

거침없이 술술

스트레스가 이만저만이 아니다.

아무래도 걸신들렸나 봐.

늘 제자리걸음인 것 같다.

썰렁해.

네 팔뚝 굵다.

실제 경험담

이제 모든 문장을 완벽하게 영어로 말을 할 수 있었죠.^^
잊어버리지 않도록 시간 나는 대로 반복해서 연습한다면
당신도 영어의 달인이 될 수 있습니다.^^

알아두면 유용한 표현들

그냥 좀 피곤해서 그래요.
I'm just tired, that's all.

··

처음부터 다시 하세요.
Back to the drawing board.

··

완전히 도를 넘었어요.
It's totally out of line.

··

전 허구한 날 지각했어요.
I was late all those times.

··

당신은 날 곤란하게 만드네요.
You're backing me into a corner.

··

우린 쇼핑을 줄일 거야.
We're gonna cut back on shopping.

··

어떤 친구인데?
What kind of friend is he?

··

그게 변명이야?
That's your excuse?

정말 좋지 않겠어요?

Wouldn't that be great?

어이가 없네요.

This is ridiculous.

다음 기회로 미뤄도 될까요?

Can I take a rain check?

* a rain check 우천 시 교환권, 연기

우리 엄마는 눈 하나 깜짝 안 하셨어.

My mom never batted an eye.

* bat an eye 눈 하나 깜짝 안 하다

촌스럽잖아

it's tacky.

당신에게 사과할 게 있어요.

I owe you an apology.

* owe 빚지다

몸에 착 감기는 거 보여?

You see how it moves with me?

별일 아니야.

It's no big deal.

내가 원래 그렇잖아.

Who are you talking to?

일부러 그런 게 아니에요.

I didn't mean to.

말도 안 돼요!

That is so crazy!

오늘까지예요.

It's due today.

* due 만기

별거는 아닌데 궁금해서요.

Not a big deal, just wondering.

난 망했어요!

I'm so screwed!

* screw 나사를 조이다, 일을 망치다

그만하자!

Let's drop it.

그건 곤란한데.

That's no good.

할 일이 산더미처럼 많아요.

I got a lot on my plate right now.

벌써 속이 울렁거려요.

I'm already feeling a little queasy.

* queasy 메스꺼운

시치미 떼지 마.

Don't play dumb.

* dumb 멍청한, 벙어리의

너 진짜 범생이구나.

You're such a geek.

* geek 괴짜 = nerd

기분 나쁘게 받아들이지 마.

Please don't take this personally.

나 오늘 상태가 안 좋아.

I feel under the weather.

* under the weather 몸이 안 좋은

너 어제 밤에 잠꼬대하더라.

You were talking in your sleep last night.

〈교육연구소 힐〉 소개

본 책에 등장하는 수 선생님, Sue Kim은 실제 경기도에서 해외 캠프 전문 교육연구소 힐을 운영하고 계신답니다.^^

비록 힘들지만 코로나19는 반드시 지나갑니다.
자녀의 글로벌 미래를 위한 소중한 경험이 될 해외 캠프, 가족처럼 챙겨 주시는 수 선생님에게 문의하시기 바랍니다.

◆ 홈페이지 주소: www.sueedu.co.kr
◆ 연락처: 010-4498-4598
◆ 주소: 용인시 수지구 포은대로 410 샤르망 오피스텔 222호

스태프소개

대표 : 김순임 (Sue Kim)

약력
상담심리학박사과정
청소년관리
부모코칭
청소년 명상 지도사
바츠로프학초 강사

이메일 q2188@naver.com
연락처 010 4498 4598

인사말
교육연구소 힐은 2005년 영국의 명문 사립학교인 Stowford College를 시작으로 매 여름과 겨울방학 두 차례씩 영어권에서 개최되는 진 세계 어린이와 아이들과 만남의 장을 통하여 학생들의 외국어 실력 향상, 문화교류, 자기계발과 더불어 글로벌 인재로 거듭나고자 하는 슬로건으로 구준히 성장하고 있습니다.

교육연구소 힐은 초, 중, 고, 대학생들의 유학을 위한 영국, 미국, 캐나다, 뉴질랜드, 호주등의 선진 영어권의 국, 공립, 사립학교뿐 아니라 General Enlgish, Business English, IELTS와 FCE/CAE 과정의 어학연수를 위한 전세계의 우수한 명위지 스쿨과도 좋은 관계를 이어오고 있습니다. 교육연구소 힐을 방문하시는 여러분께 많은 도움을 드릴 수 있도록 최선의 노력을 다하겠습니다.

영국

뉴질랜드

미국